LE 16 OCTOBRE 1793, À PARIS...
SUR LA PLACE DE LA RÉVOLUTION ENVAHIE PAR LA FOULE...
LA REINE MARIE-ANTOINETTE ÉTAIT GUILLOTINÉE.
EN ATTENDANT LA MORT DANS SA CELLULE GLACIALE, ELLE AVAIT TENU DE SES DOIGTS TREMBLANTS...
UNE PIÈCE EN MOUSSELINE DE SOIE.
UN LUXUEUX CHÂLE...
QU'UNE FEMME LUI AVAIT REMIS AU PÉRIL DE SA VIE.

Rose Bertin
La Couturière Fatale

Sommaire

Chapitre 1 ⚜ La jolie robe 005

Chapitre 2 ⚜ Ce que vend la couturière 058

Chapitre 3 ⚜ Le Palais-Royal 092

Chapitre 4 ⚜ La nature profonde des hommes 126

Chapitre 5 ⚜ Une troisième Marie 158

Chapitre 1
La jolie robe
1766.
Abbeville,
royaume
de
France.

QU'EN DITES-VOUS, MADEMOISELLE LARA ?
J'ADORE ! BERTIN ...
C'EST ÉPATANT !
MERCI, VOUS ME FLATTEZ.
Marie-Jeanne Bertin
BERTIN ! JE VEUX LA MÊME COIFFURE.
DU CALME ! ELLE DOIT D'ABORD ME TRESSER !
TEUH TEUH ! C'EST MON TOUR !

NOOON !
CETTE COIFFURE M'EST RÉSERVÉE !
IL FAUT QUE BASILE N'AIT D'YEUX QUE POUR MOI !
BASILE, C'EST BIEN LE BOULANGER ?
LA SEMAINE DERNIÈRE, TU AVAIS JETÉ TON DÉVOLU SUR THOMAS LE CORDONNIER.
TU ES FILLE D'OFFICIER PUBLIC...
CESSE DONC DE T'AFFICHER AVEC DES SUJETS DE RANG INFÉRIEUR.
J'AI UN FAIBLE POUR LES ARTISANS !
PITIÉ, BERTIN ! SI TU ES MON AMIE, NE COIFFE PAS LES AUTRES COMME MOI !
C'EST ENTENDU, À CONDITION QUE VOUS FRÉQUENTIEZ LE MÊME HOMME PENDANT UN MOIS.
HÉ !
TOI AUSSI, TU T'Y METS ?!
HA HA HA HA

SALUT, BERTIN. TU FERMES DÉJÀ TA BOUTIQUE ?
OUI. MA TANTE EST GRIPPÉE.
BERTIN ! MERCI ENCORE POUR LE CHAPEAU.
DE RIEN ! JE REFERAI VENIR DE BEAUX MODÈLES DE PARIS.
C'EST ELLE, LA MEILLEURE COIFFEUSE DE LA VILLE ?
IL PARAÎT QU'ELLE CONFECTIONNE AUSSI DES VÊTEMENTS.
IL FAUT LE FAIRE, POUR UNE FEMME.

ELLE A PERDU SON PÈRE IL Y A PLUS DE DIX ANS.
C'ÉTAIT UN SOLDAT, JE CROIS...
CERTAINE DE TENIR UN PUR TALENT, SA TANTE N'A PAS HÉSITÉ À QUITTER SON MARI POUR LA PRENDRE SOUS SA TUTELLE.
QUELLE MIJAURÉE...
SAIT-ELLE AU MOINS QUE D'AUTRES LUI ONT OUVERT LA VOIE ?
IL N'Y A PAS SI LONGTEMPS, LES CORPORATIONS NE COMPTAIENT QUE DES HOMMES.
BERTIN ! BERTIN !
STAP
LA MEILLEURE COIFFEUSE D'ABBEVILLE !
AVEC UNE PINCÉE DE POUDRE À CHEVEUX, ELLE TRANSFORME COMME PAR MAGIE !
LES FILLES SONT CONQUISES ! MAIS LES MESSIEURS GRINCENT DES DENTS !

CAR ELLE GAGNE PLUS D'ARGENT QU'EUX...
ET LEUR VOLE LA GLOIRE !
BERTIN N'A PAS LE CHARME DE CER-TAINES...
ELLE PRÉFÈRE COIFFER QUE MINAUDER !
OUAAAAAH
アワワワワ...
QUAND EST-CE QUE TU TE MARIES ?
ON FAIT L'EFFORT D'ARRANGER SA TENUE.
MERCI, BERTIN !
AVANT DE SE GAUSSER D'UNE DAME...
AH !
SALUEZ VOTRE MÈRE DE MA PART !

TCHAK
SALUT, MARIE ! JE ME SUIS PERMIS UNE VISITE IMPROMP-TUE !
KOF KOF
JE SUIS LÀ, MA TANTE.
MARCEL, QUEL BON VENT T'AMÈNE ?
EN APPRENANT QUE MADAME BARBIER ÉTAIT SOUFFRANTE, J'AI FAIT UN CROCHET ENTRE DEUX LIVRAISONS.

VOICI POUR VOUS, SI VOUS VOULEZ BIEN ACCEPTER MA MODESTE MARCHANDISE !
FWAP
MERCI.
TU RENTRES DRÔLEMENT TÔT, AUJOURD'HUI.
KOF KOF
C'EST QUE JE VOUS SAVAIS MAL EN POINT...
ON NE DÉLAISSE PAS SON POSTE POUR SI PEU.
RETOURNES-Y VITE...
AU LIEU DE FAIRE DU SENTIMENT.
JE N'AI PAS BESOIN DE TA COMPASSION.
MAIS...
IL FAUT TRAVAILLER TANT QU'ON EST JEUNE !
ALLEZ, DU VENT ! TOI AUSSI, MARCEL !

VLAM
JE SUIS DÉSOLÉE.
J'AI L'HABITUDE, MARIE ! DEPUIS LE TEMPS QU'ON SE CONNAÎT !
あははは
HA HA HA
JE T'AC-COMPAGNE JUSQU'À TA BOUTIQUE.
GWIP

DONG
DONG
SI MADAME BARBIER EST AUSSI SÉVÈRE, C'EST PARCE QU'ELLE CROIT EN TOI...
ELLE SAIT PAR EXPÉRIENCE COMBIEN IL EST DUR D'EXERCER UN MÉTIER D'HOMME.
ET QU'ELLE SE FAIT DU SOUCI ...
ELLE POURRAIT AU MOINS ACCEPTER MON AIDE QUAND ELLE EST MALADE.
HI HI
TU TIENS D'ELLE...
QUAND TU AS REPRIS LA BOUTIQUE, UN BOUGRE DU QUARTIER N'ARRÊTAIT PAS DE T'IMPORTUNER.
QUOI ?

POURTANT, TU NE M'AS JAMAIS APPELÉ AU SECOURS.
...
CE SONT LES OUVRIÈRES DE LA MANUFACTURE ROYALE DES RAMES.
J'AIME ABBEVILLE ...
GRÂCE À L'ESSOR DES FILATURES, LES FEMMES PEUVENT GAGNER LEUR VIE.

NOTRE BONHEUR...
NE DÉPEND PLUS SEULEMENT DE NOS CHARMES.
...
MAIS TU ES CHARMANTE, MARIE.
TES FLATTERIES NE M'EMBELLIRONT PAS.
UNE ROSE POUR MOI, C'EST GÂCHÉ...
NE DIS PAS ÇA ! TIENS, JE TE L'OFFRE !

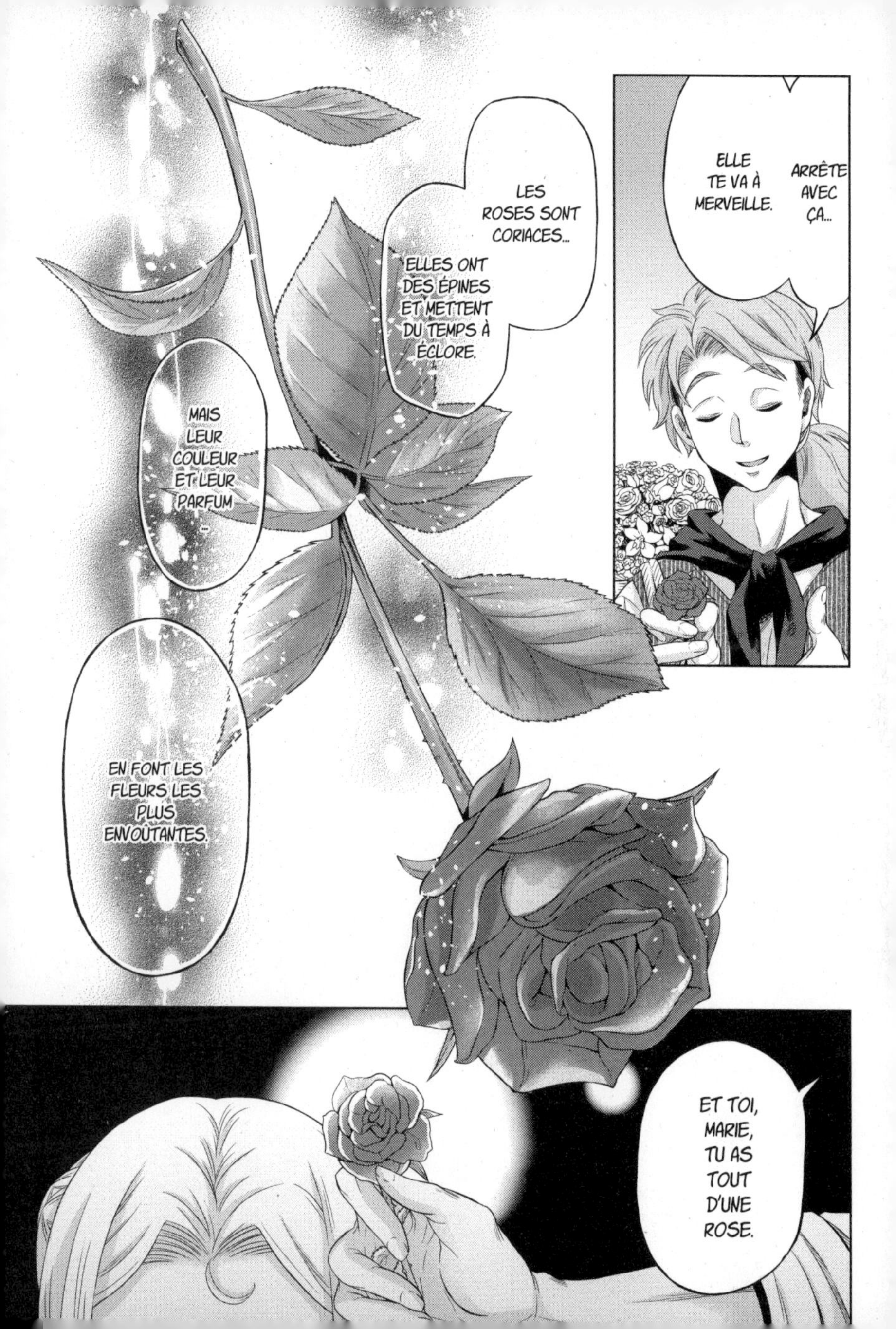
ARRÊTE AVEC ÇA...
ELLE TE VA À MERVEILLE.
LES ROSES SONT CORIACES...
ELLES ONT DES ÉPINES ET METTENT DU TEMPS À ÉCLORE.
MAIS LEUR COULEUR ET LEUR PARFUM...
EN FONT LES FLEURS LES PLUS ENVOÛTANTES.
ET TOI, MARIE, TU AS TOUT D'UNE ROSE.

TU VOIS...
TU ES MAGNIFIQUE.
NE RENONCE PAS À TA FÉMINITÉ.

... MARCEL, JE...
JE T'AI TROUVÉE, BERTIN !
AAAAH !
BONSOIR, MADEMOISELLE LARA.
BONSOIR, MARCEL ! MA MÈRE TE REMERCIE POUR LES FLEURS.
SNIF
TU NE VAS PAS ME CROIRE, BERTIN !
C'EST TERRIBLE !
BASILE EST TOMBÉ AMOUREUX D'UNE AUTRE !
BWAAAAA
BWAAAAA
COMMENT C'EST POSSIBLE ?!

ET DONC …
MARCEL, TU PEUX ME LAISSER …
ET REPRENDRE TA TOURNÉE.
D'AC-CORD.
AU REVOIR, À BIENTÔT !
ET DONC …

BASILE M'A LANCÉ...
« TU ES UNE PRINCESSE QUI N'A JAMAIS TRAVAILLÉ.
JE N'AI PAS LES MOYENS ...
DE T'ENTRE-TENIR ! »
RAAAAH
JE SUIS LA PLUS BELLE FEMME DE LA VILLE !
POURQUOI DEVRAIS-JE TRAVAILLER ?!

QU'Y A-T-IL DE MAL À ÊTRE SIMPLEMENT JOLIE ?!
TOUTES LES FILLES VEULENT DEVENIR DES PRINCESSES !
POUR QUI TRAVAILLE UN HOMME, SINON POUR CELLE QUI L'ATTEND AU LOGIS ?
SI L'ÉPOUSE LUI DONNE DES ENFANTS, ELLE ACCOMPLIT LARGEMENT SON RÔLE !
ET MOI QUI ME SUIS TIRÉE À QUATRE ÉPINGLES !
IL DEVRAIT ME REMBOURSER CET ARGENT GASPILLÉ !
ENFIN BON, C'EST UN MAL POUR UN BIEN...
ÇA M'ÉVITERA DE SORTIR AVEC UNE LAVETTE !

MERCI, BERTIN.
ÇA M'A FAIT DU BIEN DE PARLER.
CLAT CLAT CLAT
TU ES LA SEULE À QUI JE PEUX ME CONFIER.
J'AI DE LA CHANCE D'AVOIR UNE TELLE AMIE !
CLAT. CLAT
BLAM
AAAH…

ELLE M'HORRIPILE !
« LA PLUS BELLE FEMME DE LA VILLE » ? LA PLUS INSUPPORTABLE, OUI ! UNE FILLE D'OFFICIER QUI SE LA COULE DOUCE ET NE CONNAÎT RIEN DE LA VIE. ET ÇA SE PREND POUR UNE PRINCESSE (QUELLE BLAGUE !). SI ELLE FAISAIT AU MOINS TRAVAILLER SA CERVELLE, À DÉFAUT DU RESTE...

« QU'Y A-T-IL DE MAL À ÊTRE SIMPLEMENT JOLIE ? »... C'EST À CAUSE DES PERRUCHES COMME TOI QUE LES HOMMES NE NOUS RESPECTENT PAS.
ET TU OSES PARLER D'ARGENT GASPILLÉ DEVANT CELLE QUI T'A COIFFÉE ! FRANCHEMENT, JE NE PEUX PLUS TE VOIR. SI TU N'ÉTAIS PAS UNE BONNE CLIENTE, IL Y A LONGTEMPS QUE JE T'AURAIS TOURNÉ LE DOS.

BLAM
C'EST PLUTÔT BASILE QUI MÉRITERAIT DES RÉPARATIONS POUR T'AVOIR SUPPORTÉE.
TAP
TAP
FFFF

AU TRAVAIL.

MAIS EST-CE LA BONNE VOIE POUR UNE FEMME ?

ON A PLUS DE SUCCÈS EN JOUANT LES BELLES INGÉNUES ...
AU BRAS D'UN HOMME.
JE LE SAIS PERTINEMMENT.
J'EN FAIS MÊME UN COMPLEXE.
UN JOLI MINOIS...
UNE ENFANCE AISÉE...
L'HABITUDE DE SE FAIRE CHOYER...
C'EST TOUT CE QUI ME FAIT DÉFAUT.
MAIS À QUOI BON ENVIER CE QUE JE N'AURAI JAMAIS ?
JE NE REGRETTE PAS D'ÊTRE ENTRÉE DE PLAIN-PIED DANS LE MONDE PROFESSIONNEL.
ET POURTANT...
JE SENS COMME UN VIDE EN MOI.

ET LES ANNÉES PASSENT...
ALORS...
CERTAINS HOMMES COMME BASILE VEULENT UNE ÉPOUSE QUI TRAVAILLE,
ON ME PRESSE DE ME MARIER.
NON, C'EST RIDICULE !
FINI DE RÊVASSER ! AU BOULOT !

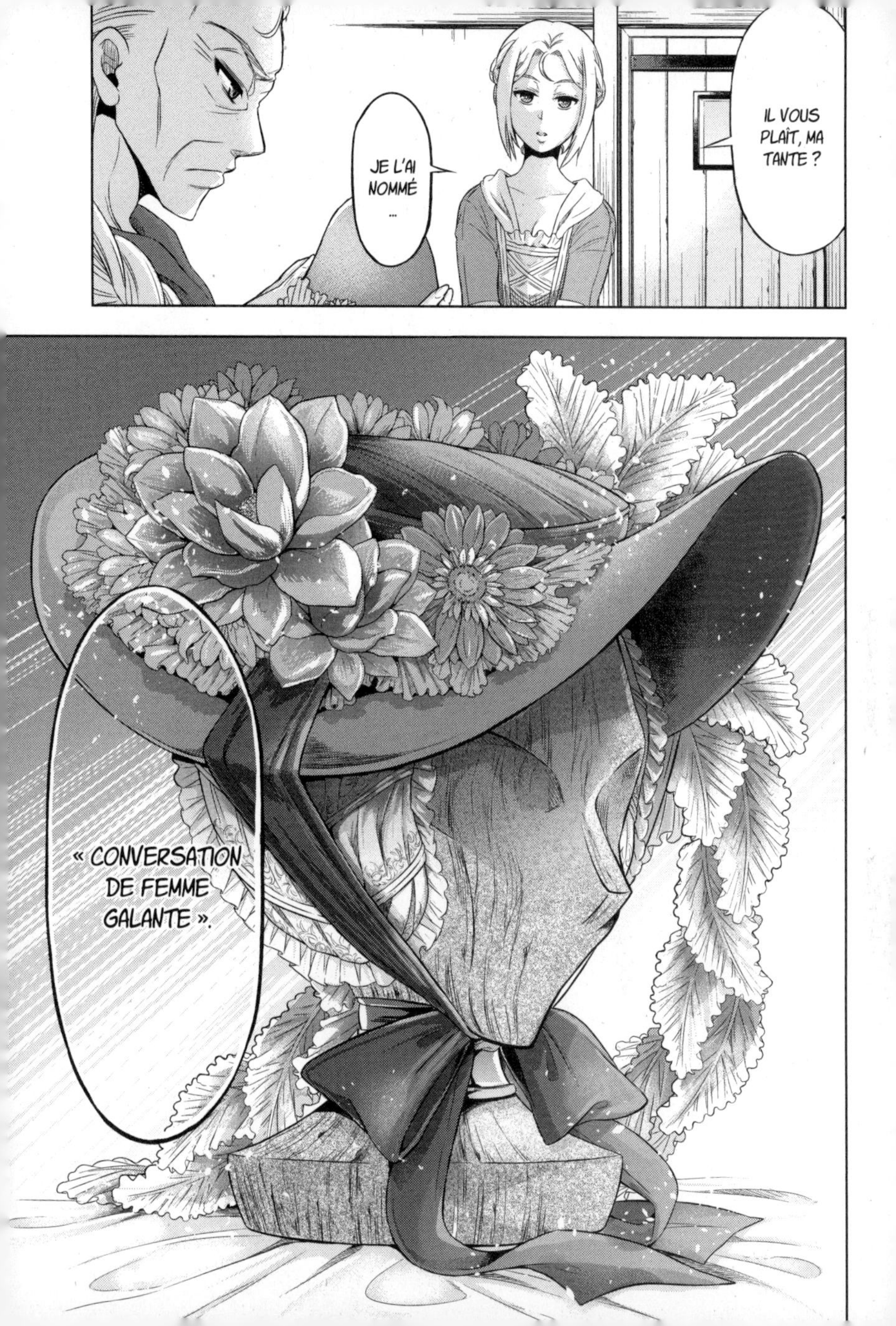
IL VOUS PLAÎT, MA TANTE ?
JE L'AI NOMMÉ …
« CONVERSATION DE FEMME GALANTE ».

COMME D'HABITUDE, LES COUTURES SONT PARFAITES.
CETTE FLEUR TREMBLANTE EXPRIME LA CANDEUR FÉMININE ...
ET LES COULEURS VIVES, LA PÉTULANCE.
À PARIS, C'EST LE MINIMUM REQUIS.
MAIS ICI, C'EST LARGEMENT SUFFISANT POUR GAGNER SA VIE.
J'AI BIEN FAIT DE T'ENSEIGNER CE MÉTIER EN PLUS DE LA COIFFURE.
MAINTENANT QUE TU AS ATTEINT CE NIVEAU...
IL EST TEMPS POUR TOI DE PASSER À L'ÉTAPE SUIVANTE.

...
OUI ...
C'EST JUSTEMENT ... CE QUE JE COMMENÇAIS À PENSER.
Un mois plus tard.
BEEER ... ♪
TIN ! ♪
TIENS-TOI BIEN ...
CRIII
BONJOUR, MADEMOISELLE LARA.
AUJOURD'HUI, JE NE VIENS PAS ME FAIRE COIFFER...
MAIS T'ANNONCER UNE GRANDE NOUVELLE !

MARCEL ET MOI ALLONS NOUS MARIER !
L'AUTRE JOUR, APRÈS T'AVOIR CONTÉ MES MALHEURS...
JE ME SUIS CASSÉ LE TALON EN DESCENDANT DE VOITURE.
MARCEL, QUI PASSAIT PAR LÀ, M'A PORTÉE COMME UNE MARIÉE JUSQU'À LA MAISON !
CE JOUR-LÀ, IL A FAIT CHAVIRER MON CŒUR !

ET COMME IL PLAÎT À MES PARENTS ...
TOUT S'EST DÉCIDÉ EN UN ÉCLAIR.
PAS VRAI ?
LARA EST SI MALA-DROITE ...
JE CRAINS QU'ELLE NE S'EN SORTE PAS SANS MOI.
ALORS ...
J'AI UNE REQUÊTE À TE SOU-METTRE !
POURRAIS-TU CONFECTION-NER MA TENUE DE NOCES ?

MARCEL M'A DIT QUE TU FABRIQUAIS AUSSI DES VÊTEMENTS.
EN TANT QU'AMIE COMMUNE DES FIANCÉS, TU ES TOUTE DÉSIGNÉE !
BIEN SÛR, TU M'AIDERAS À FAIRE LES ESSAYAGES, ET TU ME COIFFERAS.
MERCI D'AVANCE, MARIE.
JE NE LÉSINERAI PAS SUR LA GRATIFICA-TION !
TU TE SOUVIENS, BERTIN ?
L'AUTRE JOUR, JE T'AI DIT...
« TOUTES LES FILLES VEULENT DEVENIR DES PRIN-CESSES ! »
EH BIEN, J'ÉTAIS SÉRIEUSE.
C'EST MON RÊVE DEPUIS TOUJOURS.

FAIS-MOI UNE ROBE DE COURTISANE FATALE...
OU PLUTÔT DE PRINCESSE IRRÉSISTIBLE, COMME DANS LES CONTES !
ENTENDU.
VOUS POUVEZ ME FAIRE CONFIANCE.

Fermeture temporaire
La boutique est fermée pour quelque temps
M.-J. Bertin

MERCI, BERTIN.
GRÂCE À TOI, JE VIVRAI LE PLUS BEAU DES MARIAGES !
MERCI DU FOND DU CŒUR.
...
JE VOUS EN PRIE, C'EST TROP D'HONNEUR.

BERTIN !
TIENS, C'EST POUR TOI !

CE VOILE ...
C'EST BIEN CELUI QUE TU M'AS CONFECTIONNÉ.
COMME LE VEUT LA CROYANCE, IL M'A PROTÉGÉE DES MAUVAIS ESPRITS PENDANT LA CÉRÉMONIE.
MAINTENANT QUE JE N'EN AI PLUS BESOIN ...
C'EST TOI QU'IL PROTÉGERA !

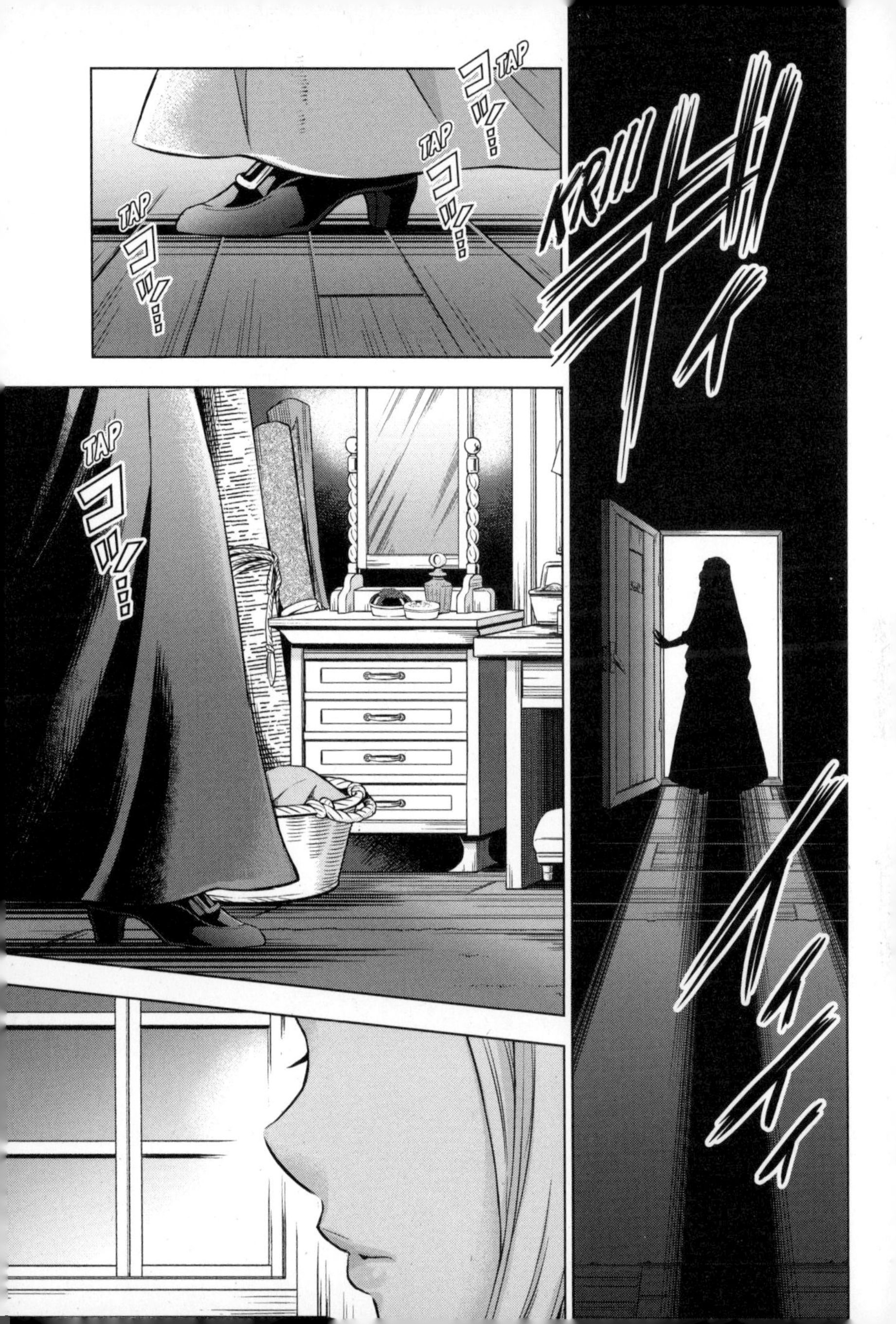
KRIIIH
ギィ
ィィィ
TAP
コツ…
TAP
コツ…
TAP
コツ…
TAP
コツ…

OUI.
C'EST VRAI.

IL ME SIED À MERVEILLE.

BONJOUR, BERTIN !
MADAME BARBIER ?
BERTIN EST MALADE ?
ELLE N'EST PLUS LÀ.
HEIN ?
ELLE A CHOISI ...
LA PROCHAINE ÉTAPE DE SA VIE.

OÙ ALLEZ-VOUS, MADEMOI-SELLE ?
FWUUSH

À PARIS.
CLANT
CLANT
ABBEVILLE ÉTAIT DEVENUE TROP PETITE POUR ELLE.
ET PUIS, ELLE N'ÉTAIT PAS PRÊTE À CONVOLER.
?

CLAT ゴト
CLAT ゴト
JE NE REGRETTE PAS D'AVOIR TRAVAILLÉ JEUNE...
CLAT ゴト
MAIS JE NE VEUX PAS RESSENTIR CE VIDE TOUTE MA VIE.
CLAT ゴト
CLAT ゴト
DANS UN LIEU BIEN PLUS VASTE...
ET PLUS INTENSE...
JE NE POURRAI PAS ÊTRE UNE PRINCESSE BRISEUSE DE CŒURS ...
ALORS, MOI...

JE SERAI LA COUTURIÈRE FATALE.
Chapitre 1 – Fin

LES PETITES ANECDOTES ÉCRITES SUR CARAPACE – 15

BONJOUR, C'EST JINGETSU ! DANS CETTE RUBRIQUE, JE DISCUTE D'HISTOIRE AVEC MON RESPONSABLE ÉDITORIAL, K-SAWA, UN PEU AU GRÉ DE MES ENVIES, MAIS TOUJOURS EN RAPPORT AVEC ROSE BERTIN ! BIENVENUE DANS LA FRANCE DU XVIIIE !

MOI, JE SUIS NOVICE EN LA MATIÈRE. C'EST DÉJÀ LE QUINZIÈME ÉPISODE DE CETTE RUBRIQUE !

LE DÉBUT REMONTE À MON PREMIER VOLUME PUBLIÉ. POUR LIRE LES ÉPISODES PRÉCÉDENTS, PROCUREZ-VOUS LES MANGAS ***CHRONO MONOCHROME*** (SHÔGAKUKAN) ET ***KNUCKLE DOWN*** (FUTABASHA) !

TOUJOURS CE SENS DES AFFAIRES DES GENS DE L'OUEST (RIRES). APRÈS CETTE PAGE DE PUBLICITÉ, REVENONS À NOS MOUTONS. JE NE SUIS PAS CALÉ EN HISTOIRE, MAIS JE CROIS SAVOIR QUE ROSE BERTIN A VRAIMENT EXISTÉ.

TOUT À FAIT. ELLE ÉTAIT UNE SORTE DE CRÉATRICE DE MODE AVANT L'HEURE AU SERVICE DE LA REINE MARIE-ANTOINETTE. J'ADORE L'HISTOIRE, MAIS J'AI ENCORE DES LACUNES, ET J'EN APPRENDS TOUS LES JOURS UN PEU PLUS SUR LE PASSÉ DE LA FRANCE !

LES VRAIS SPÉCIALISTES SONT TOUJOURS LES PLUS MODESTES ! POUR M'INITIER AVEC TOI, J'AIMERAIS POSER DES QUESTIONS EN LIEN AVEC LES CHAPITRES DU MANGA... TOUT D'ABORD, LE MARIAGE ! LARA ET MARCEL S'UNISSENT À PEINE UN MOIS APRÈS LEUR RENCONTRE... CE DÉLAI ÉTAIT COMMUN, À L'ÉPOQUE ?

OUI. C'ÉTAIT SOUVENT ULTRARAPIDE... UN PÈRE PROPOSAIT SON FILS À L'UNE DE SES CONNAISSANCES, ET LES DEUX FAMILLES DÉJEUNAIENT ENSEMBLE. AU DESSERT, ON ABORDAIT LE SUJET... LE MAÎTRE DE MAISON LANÇAIT : « VOTRE FILLE PLAÎT À MON FILS. EST-CE RÉCIPROQUE ? »

ÇA NE TRAÎNAIT PAS (RIRES)...

ATTENDS, CE N'EST PAS FINI ! UN PEU COMME DANS LES RENCONTRES MATRIMONIALES AU JAPON, ON LAISSAIT LES DEUX JEUNES FAIRE CONNAISSANCE. UNE FOIS LE REPAS TERMINÉ, ILS RESTAIENT SEULS DANS LA GRANDE SALLE, ET PENDANT QU'ILS ÉTAIENT TOUT À LEUR ÉMOI, LES PARENTS NÉGOCIAIENT LES MODALITÉS FINANCIÈRES DE L'UNION ! APRÈS ÊTRE TOMBÉS D'ACCORD, ILS FAISAIENT TOUT DE SUITE VENIR UN NOTAIRE, POUR SIGNER LE CONTRAT DE MARIAGE. L'AFFAIRE ÉTAIT CONCLUE AUTOUR D'UN DÎNER COMMUN, ET LA CÉRÉMONIE ÉTAIT CÉLÉBRÉE LE LUNDI SUIVANT.

ÇA, C'EST UN MARIAGE ÉCLAIR (RIRES) !

ON SE PASSAIT COMPLÈTEMENT DE L'AVIS DES FUTURS MARIÉS. C'ÉTAIT RELATIVEMENT NORMAL, ET LARA EST UN EXEMPLE PLEIN DE BONHEUR À CÔTÉ DE ÇA (SAUF POUR BERTIN, ÉVIDEMMENT). ÇA EXISTE ENCORE AUJOURD'HUI, DANS CERTAINS PAYS.

ET LA ROBE DE MARIAGE ? COMMENT EST-ELLE PRÉPARÉE AUSSI VITE ?

POUR LES GENS DU PEUPLE, C'ÉTAIT COMPLIQUÉ D'ACHETER DE NOUVEAUX VÊTEMENTS. PAR AILLEURS, LE BLANC ÉTAIT UN LUXE. UNE JEUNE MARIÉE QUI POUVAIT PORTER UNE ROBE À USAGE UNIQUE, ET DANS DU BLANC SALISSANT, ÉTAIT FORCÉMENT D'UN STATUT RELATIVEMENT ÉLEVÉ. C'EST LA RAISON POUR LAQUELLE LES COUCHES AISÉES PRENAIENT UN MINIMUM DE TEMPS POUR PRÉPARER LES UNIONS, MAIS LES PAUVRES N'EN AVAIENT PAS LES MOYENS. ILS SE CONTENTAIENT DE LEURS HABITS DU QUOTIDIEN OU D'UNE TENUE PRÊTÉE, CE QUI DE FACTO PERMETTAIT DE SE PRÉPARER RAPIDEMENT. EN CE QUI CONCERNE LES CLOCHES, LA SITUATION ÉTAIT DIFFÉRENTE PAR RAPPORT À AUJOURD'HUI, MAIS J'AI PRIS QUELQUES LIBERTÉS AVEC L'HISTOIRE...

L'IMPORTANT EST QUE ÇA PASSE BIEN EN MANGA... MOI AUSSI, J'ESSAIERAI D'AVOIR DE LA SOUPLESSE DANS MON TRAVAIL ÉDITORIAL !

À BIENTÔT POUR LE CHAPITRE 2 !

Rose Bertin

La Couturière Fatale

CLAT
CLAT
CLAT
CLAT
Chapitre 2
CLONG
CLONG
MAMAN, J'AI MAL AUX FESSES.
ENCORE UN PEU DE COURAGE ...
ON ARRIVE BIENTÔT DANS UN ENDROIT MAGIQUE.
CLONG
CLONG
CLONG
TIENS, REGAR-DE !
LES PORTES DE PARIS !

Ce que vend la couturière

VOILÀ DONC PARIS.
JE N'AVAIS JAMAIS VU AUTANT DE MONDE.
BLA BLA
DIRECTION MONTREUIL ! EN VOITURE, MESSIEURS-DAMES !
LA DILIGENCE POUR LYON PART À QUATRE HEURES DU MATIN.
AVEZ-VOUS LE TABLEAU DES HORAIRES ?
BLA BLA

ET QUELLE LUMIÈRE !
AU XVIIIE SIÈCLE, PARIS ÉTAIT CONSTELLÉ DE LAMPADAIRES...
UN ÉQUIPEMENT ULTRA-MODERNE POUR L'ÉPOQUE.
JUSQU'ALORS, ON NE POUVAIT COMPTER POUR S'ÉCLAIRER LE SOIR...
QUE SUR LES RAYONS DE LA LUNE ET SUR LES BOUGIES.
LES MILLIERS DE LANTERNES ...
ET DE LAMPES À HUILE DERNIER CRI...
ONT VALU À LA CAPITALE SON GLORIEUX SURNOM DE « VILLE LUMIÈRE ».

BONSOIR, MADEMOISELLE.
VOUS AVEZ BESOIN D'UN GUIDE ?
CONTRAIREMENT AUX GRANDES AVENUES, LES RUELLES SONT OBSCURES ET MAL FAMÉES.
J'AI LA LICENCE OFFICIELLE DU PARLEMENT DE PARIS.
IL VOUS EN COÛTERA JUSTE QUELQUES PIÈCES DE CUIVRE.
NON MERCI. JE VAIS ME LOGER DANS LE QUARTIER.
BONNE CHANCE.
C'EST DE L'OCCASION, MAIS LA QUALITÉ EST IRRÉPROCHABLE.
LA COULEUR VOUS PLAÎT, MADAME ?

À L'AUBERGE.
INN
FWAP

CRUNCH
À NEUF HEURES DU SOIR, LES RUES NE DÉSEMPLISSENT PAS.
ET LES COMMERCES RESTENT OUVERTS.
CLONG
CLONG
CLONG
?!
C'EST LE PASSAGE DES VOITURES.
APRÈS LA FIN DES PIÈCES DE THÉÂTRE, TOUS LES NOBLES REGAGNENT EN MÊME TEMPS LEURS PÉNATES.
QUAND ON EST MAL PLACÉ, ON SE PREND DE BELLES SECOUSSES.
ET LE BRUIT NE FAIBLIT GUÈRE DURANT LA NUIT.
JE VOIS.

LES HABILLEMENTS SONT DIVERS, TOUT COMME LES COULEURS DE PEAU.
RIEN À VOIR AVEC ABBEVILLE.
ET CES MOTIFS QUE J'AI VUS À LA FRIPERIE...
MADEMOISELLE LARA A ÉTRENNÉ LA MÊME ROBE LE MOIS DERNIER.
NE SUIS-JE PAS RAVISSANTE ? ♥
ICI, C'EST DÉJÀ REVENDU EN SECONDE MAIN.

...
GLUP
À PARIS, JE NE SUIS QU'UNE CAMPAGNARDE.
SAURAI-JE PRODUIRE DES CRÉATIONS ATTRAYANTES...
DANS CETTE CITÉ QUI DÉBORDE DÉJÀ DE TALENTS ET DE NOUVEAUTÉS ?
FRSH
OUI...

J'Y ARRIVERAI !
Le lendemain matin.
Dans une maison de mode du quai de Gesvres.

TU ES LA NIÈCE DE MADAME BARBIER...
ET TU AS DÉBUTÉ COMME COIFFEUSE ?
OUI, MADAME.
ZIEUT
VOYONS VOIR...
TOURNE-TOI SUR LE CÔTÉ.
?
BIEN.
...
HMM ...

TU SAIS COUDRE ?
JE PENSE ME DÉBROUILLER. LE MOIS DERNIER, J'AI CONFECTIONNÉ UNE ROBE DE MARIÉE.
TOUTE SEULE ?
OUI, MADAME.
ET TU SAIS LIRE ?
LIRE, ET À PEU PRÈS ÉCRIRE.
COMME BEAUCOUP DE MES EMPLOYÉES MANQUENT DE TECHNIQUE ...
ON PREND DU RETARD SUR LES COMMANDES.
TU ES ENGAGÉE.
SI TU SAIS Y FAIRE, TU... NON, OUBLIE.
?

VOICI VOTRE NOUVELLE COLLÈGUE.
JE M'APPELLE MARIE-JEANNE BERTIN.
RAVIE DE TRAVAILLER AVEC VOUS.
JE RETOURNE FAIRE LES COMPTES. QUI PEUT INITIER MARIE-JEANNE ?
MOI, JE M'EN CHARGE ! VIENS !
MAINTENANT QUE J'Y PENSE...

JE N'AI JAMAIS TRAVAILLÉ AVEC PERSONNE, SAUF MA TANTE.
COUDRE ET VENDRE, TELLES SONT NOS TÂCHES PRINCIPALES.
TU TRAVAILLES ASSISE SUR LE TABOURET EN ATTENDANT LA CLIENTÈLE.
QUAND QUELQU'UN SE PRÉSENTE, TU LUI DEMANDES SES SOUHAITS ...
ET TU CHERCHES ICI LE TISSU LE PLUS ADAPTÉ.
PARFOIS, LA PERSONNE APPORTE SA PROPRE ÉTOFFE.

UNE FOIS LE CHOIX ARRÊTÉ, TU T'ENQUIERS DES DÉCORATIONS ET DE LA TAILLE...
N'HÉSITE PAS À PRENDRE UN MODÈLE SUR L'ÉTAGÈRE.
TU PEUX UTILISER TOUT CE QUI EST EN VITRINE.
L'ESSENTIEL EST DE COLLER AUX SOUHAITS DE LA CLIENTE.
AU BESOIN, IL Y A AUSSI LES ILLUSTRATIONS DES CAHIERS DE MODE...
DANS CE TIROIR.
ENFIN, TU PRENDS LES MESURES DE LA CLIENTE ET TU LA RACCOMPAGNES SUR LE PAS DE LA PORTE.
ENTENDU.

LES ÉCHANTILLONS ET LES PRODUITS FINIS SONT À METTRE DANS LE PANIER À TES PIEDS.
D'AC-CORD.
FWUUSH

EN CES TEMPS PRÉINDUSTRIELS ...
OÙ TOUS LES VÊTEMENTS ÉTAIENT FAITS SUR MESURE...
SEULE L'ÉLITE AVAIT LES MOYENS DE S'OFFRIR LES SERVICES D'UN TAILLEUR.
LES SERVANTES S'HABILLAIENT CHEZ LE FRIPIER OU RÉCUPÉRAIENT LES VÊTEMENTS USAGÉS DE LEUR MAÎTRESSE.
COMME LA PLUPART DES MÉTIERS ÉTAIENT RÉSERVÉS AUX HOMMES...
LES FEMMES N'AVAIENT QUE DE RARES SECTEURS POUR GAGNER LEUR VIE.

ET LA COUTURE ÉTAIT L'UN DE CEUX-LÀ.
CAPITALE INCONTESTÉE DE LA MODE...
PARIS RESSEMBLAIT À UN PARADIS ...
AUSSI BIEN POUR LES CLIENTES QUE POUR LES FABRICANTS.

SST
SST
FRSH
SST
SST
C'EST LE TROISIÈME QUE JE TERMINE.
LES SOUS-VÊTEMENTS, ÇA ME BARBE ...
SNAP
MAIS JE NE VAIS PAS ME PLAINDRE DÈS LE PREMIER JOUR.

ELLE FAIT DES POINTS GROSSIERS... ET SON PANIER NE SE REMPLIT GUÈRE DEPUIS TOUT À L'HEURE.
CES FILLES SONT D'UN NIVEAU MÉDIOCRE.
TCHAK
JE VAIS FAIRE UNE LIVRAISON. TENEZ BIEN LA BOUTIQUE.
ENTENDU, MADAME.
CLING
CLING

SLAAAM
OUAAAH ! JE SUIS CREVÉE !
LA PATRONNE S'EST ENFIN DÉCIDÉE À SORTIR !
J'AI ENVIE D'UN CAFÉ AU LAIT !
LE PETIT VENDEUR DOIT TENIR SON ÉCHOPPE AU COIN !
LAISSE TOMBER, C'EST DE L'ARNAQUE.
IL ROGNE SUR LE SUCRE.
AAH
あ
BERTIN, JE TE RAPPORTE QUELQUE CHOSE ?
...

ET LE TRAVAIL ?
CONTENTE-TOI DU MINIMUM.
DANS NOTRE PETIT ÉTABLISSEMENT, ON NE PEUT PAS FAIRE DES MERVEILLES ...
SURTOUT POUR LE PEU QU'ON GAGNE.
APPRENDS À TIRER AU FLANC NI VU NI CONNU.
...
HÉ, BERTIN. TU AS UN AMOUREUX ?
NON, JE SUIS SEULE.
ALORS VIENS AU PALAIS-ROYAL, UN DE CES JOURS.
IL Y A UN TAS D'HOMMES SUPERBES, LÀ-BAS.

TU PEUX ME DEMANDER CE QUE TU VEUX SUR PARIS !
EH BIEN ...
COMMENT FAIRE POUR DIRIGER UNE BOUTIQUE ?
QUOI ? TU VEUX VOLER DE TES PROPRES AILES ?
TU DOIS D'ABORD TE PERFECTIONNER EN COUTURE.
SANS OUBLIER D'OBSERVER LA MODE DANS LA RUE...
CAR TU DEVRAS AUSSI CRÉER TES PROPRES VÊTEMENTS.

LES RELATIONS SONT PRIMORDIALES POUR PRENDRE SON INDÉPENDANCE.
EN OUTRE, IL FAUT PLAIRE AUX GENS IMPORTANTS ET AUX CLIENTS ...
JE VOIS ...
JUSTEMENT, AU PALAIS-ROYAL...
EN SOMME ...
JE DOIS RÉUSSIR COMME COUSEUSE.
C'EST LARGEMENT DANS MES CORDES.
D'ABORD, JE VAIS DEVENIR LA MEILLEURE OUVRIÈRE DE PARIS !
J'EN SUIS CAPABLE !

CLING
CLING
OH, UN CLIENT !
ZIEUT キョロ
ZIEUT キョロ
BIENVENUE, MONSIEUR. QUE DÉSIREZ-VOUS ?
HEIN ?
EUH ...
CE N'EST PAS VOUS ...
MONSIEUR ! PAR ICI, JE VOUS PRIE.
AH ...
AAH !
TU NE PEUX T'EN PRENDRE QU'À TOI-MÊME.

REGARDE-LA.
BIENVENUE, MESSIEURS !

NOS ARTICLES SONT BIEN VISIBLES DEPUIS LA RUE.
C'EST ÇA, LE TRAVAIL LE PLUS IMPORTANT.
ET NOUS AUSSI, PAR LA MÊME OCCASION.
EFFORCE-TOI D'ÊTRE SÉDUISANTE.
AVEC UN PEU DE CHANCE, UN BEAU GENTILHOMME S'APPROCHERA.
SI TU SAIS Y FAIRE, TU... NON, OUBLIE.
...

CLING
CLING
! BIENVENUE, MONSIEUR-DAME.

BONJOUR.
POUVEZ-VOUS CHOISIR UNE ROBE QUI AILLE BIEN À MA MIE ?
OH !
CHOISISSEZ DONC POUR MOI...
J'AURAI AINSI L'IMPRESSION D'ÊTRE DANS VOS BRAS ...
CHAQUE FOIS QUE JE LA PORTERAI.
ムギュ
BOING
TOI, TU SAIS PARLER AUX HOMMES.
UNE PROSTITUÉE ?
CE DOIT ÊTRE NORMAL, À PARIS, DE S'AFFICHER COMME ÇA AU GRAND JOUR.

ELLE EST TOUJOURS AUSSI BELLE.
COMME JE SUIS JALOUSE ...
TU LA CONNAIS ?
ÉVIDEMMENT.
C'EST MARIE-JEANNE BÉCU...
LA PLUS FAMEUSE COUTURIÈRE DE PARIS.
Chapitre 2 – Fin

LES PETITES ANECDOTES ÉCRITES SUR CARAPACE – 16

BONSOIR À TOUS, JE SUIS JINGETSU ! BONSOIR À TOI, K-SAWA.

CETTE FOIS, C'EST LE SOIR.

LE CHAPITRE 2 SE DÉROULE À PARIS ! J'AVAIS TROP ENVIE DE LE DESSINER ! QUOIQUE... PAS TANT QUE ÇA !

DÈS LA PREMIÈRE PAGE DU CRAYONNÉ, TU M'AS ÉCRIT QUE LES DÉCORS ALLAIENT TE TUER (RIRES).

C'EST ÇA, LES MANGAS HISTORIQUES. JE NE SAIS PAS COMMENT LES AUTRES DESSINATEURS S'EN SORTENT... PARFOIS, JE ME DEMANDE QUELLE SERA LA PERCEPTION DES MANGAS DANS LES SIÈCLES À VENIR. TOUT COMME NOUS RESTONS INCRÉDULES DEVANT LES CONSTRUCTIONS ET LES ŒUVRES ANTIQUES, LES GENS DU FUTUR AURONT DU MAL À CROIRE QU'ON AIT PU FAIRE DES ŒUVRES D'UNE TELLE DENSITÉ EN SI PEU DE TEMPS, ET AVEC SI PEU DE MONDE.

C'EST TOUT TOI, ÇA... TU AS TOUJOURS UNE FAÇON DE VOIR INATTENDUE (RIRES). MAIS TRÊVE DE BAVARDAGE... VENONS-EN AUX QUESTIONS. CETTE FOIS, ON EST À PARIS ! COMMENT ÉTAIT CETTE VILLE À L'ÉPOQUE ? DANS LE CHAPITRE 2, J'AI ÉTÉ FRAPPÉ PAR LA TECHNOLOGIE ÉTONNAMMENT AVANCÉE. IL Y A DES LAMPADAIRES...

LE XVIIIe SIÈCLE, C'EST DÉJÀ L'ÉPOQUE MODERNE. MALHEUREUSEMENT, BEAUCOUP DE GENS CROIENT QUE C'EST LE MOYEN ÂGE, QUI EST POURTANT FINI DEPUIS PLUSIEURS SIÈCLES. SI ON TRANSPOSE CELA AU JAPON, ON EST PLUS PROCHE DE L'ÈRE MEIJI QUE DES GUERRES INTESTINES. L'ÉPOQUE CONTEMPORAINE, CELLE DE LA LOCOMOTIVE À VAPEUR, VIENDRA PEU APRÈS. C'EST UNE PÉRIODE DE TRANSITION, COMME LA FIN DU SHOGUNAT CHEZ NOUS.

COMME ÇA, ÇA ME PARLE MIEUX... ET COMBIEN Y AVAIT-IL D'HABITANTS ?

SELON LES ARCHIVES DE 1770, PARIS COMPTAIT 650 000 ÂMES. SOIT LE NOMBRE ACTUEL DE JEUNES INACTIFS AU JAPON.

QUELLE COMPARAISON... ET C'ÉTAIT BEAUCOUP, POUR UNE VILLE DE CE TEMPS-LÀ ?

JE PENSE BIEN ! CELA PLAÇAIT PARIS AU QUATRIÈME OU CINQUIÈME RANG MONDIAL. TOUTEFOIS, EDO (L'ANCIENNE TOKYO) ÉTAIT ENCORE PLUS PEUPLÉ.

LA POPULATION ACTUELLE DE TOKYO EST JUSTE DÉMENTIELLE. J'IMAGINE QU'IL Y AVAIT BEAUCOUP D'ALLÉES ET VENUES, MAIS QU'EN ÉTAIT-IL DES TRANSPORTS ?

PLUSIEURS DÉCENNIES AUPARAVANT, LE RÉSEAU ROUTIER AVAIT ÉTÉ GRANDEMENT AMÉLIORÉ. LES VOYAGEURS ÉTAIENT ÉPOUSTOUFLÉS PAR CES NOUVELLES VOIES QUI CONVERGEAIENT VERS PARIS. LA DILIGENCE LIVRAIT LE COURRIER UNE FOIS PAR SEMAINE. IL FALLAIT À PEINE PLUS DE QUATORZE HEURES POUR PARCOURIR 300 KILOMÈTRES. C'EST AMUSANT DE LIRE LES LETTRES DES PASSAGERS. ILS SE PLAIGNAIENT D'AVOIR MAL AU CŒUR À CAUSE DES SECOUSSES.

AUTREMENT DIT, LES PERSONNES ET LES MARCHANDISES CIRCULAIENT PLUS VITE QU'ON L'IMAGINE...

GRÂCE À CES PROGRÈS, LA MODE PARISIENNE A COMMENCÉ À RAYONNER. BERTIN EST LE MEILLEUR EXEMPLE DE CETTE ATTRACTION QU'EXERÇAIT LA CAPITALE.

PLUS LES GENS SONT NOMBREUX, PLUS LES MÉTIERS SE DIVERSIFIENT. ON VOIT AINSI APPARAÎTRE LES ANCÊTRES DES CRÉATEURS DE MODE. ET AUSSI LE MÉTIER DE GUIDE DE RUES, QUI M'A BEAUCOUP INTÉRESSÉ. QUELLES AUTRES PROFESSIONS Y AVAIT-IL ?

DANS LE CHAPITRE 2, ON VOIT DÉFILER UN PORTEUR D'EAU, UNE LAVANDIÈRE, UN LIVREUR DE COURRIER, UN MARCHAND TURC, UN FLEURISTE, UNE FRIPIÈRE... ET COMME L'ÉCLAIRAGE N'ÉTAIT PAS ENCORE ÉLECTRIQUE, DES LAMPISTES ALIMENTAIENT EN HUILE LES LAMPADAIRES. C'EST INCROYABLE, L'ÉNERGIE HUMAINE QU'IL FALLAIT POUR ILLUMINER PARIS LA NUIT ! ÇA ME FAIT VRAIMENT VIBRER !

JE SUIS SÛR QUE NOUS FERONS PARTAGER BIEN D'AUTRES FRISSONS À NOS AMIS.

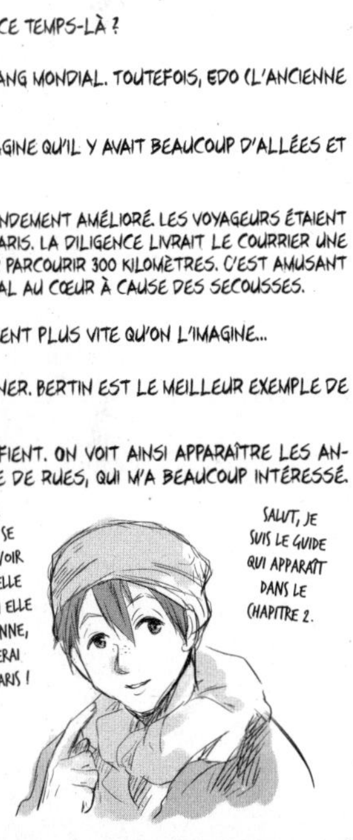

RETROUVONS-NOUS POUR LE CHAPITRE 3 !

Rose Bertin

La Couturière Fatale

Chapitre 3 ⚜ Le Palais-Royal

LA PLUS FAMEUSE COUTURIÈRE DE PARIS ?
CETTE ESPÈCE DE CATIN ?!
QUELLE DÉVEINE !
LA BÉCU VA NOUS PIQUER CES CLIENTS.
ELLE TRAVAILLE À « LA TOILETTE », UNE BOUTIQUE QUI NE PAIE PAS DE MINE, MAIS QUI SE TROUVE DANS LES BEAUX QUARTIERS ...
RUE NEUVE-DES-PETITS-CHAMPS.

LES AFFAIRES Y SONT FLORISSANTES DEPUIS QUE LES HOMMES SE DÉPLACENT DANS LE SEUL BUT D'APERCEVOIR CETTE BEAUTÉ DIVINE.
ALORS MÊME QU'ON Y PROPOSE DES ARTICLES MÉDIOCRES.
À VRAI DIRE, NOTRE ÉTABLISSEMENT NE VAUT PAS MIEUX.
SANS TALENT NI ARGENT ...
ON EST BIEN OBLIGÉES DE MISER SUR D'AUTRES ATOUTS !
SI TU VEUX VENDRE DES VÊTEMENTS ...
TU DOIS METTRE EN AVANT TES CHARMES.
J'AIMERAIS UNE COULEUR VIVE, POUR FAIRE RESSORTIR LA BLANCHEUR DE SA PEAU.
QUE PENSEZ-VOUS DE CECI ?

PAS MAL DU TOUT !
C'EST PLUS FONCÉ QUE VIF, ET C'EST D'UN TERNE ! C'EST LAMENTABLE ...
C'EST RAVISSANT, CES FLEURS.
ÇA FAIT GAMINE, NON ? ET PUIS, C'EST DÉMODÉ.
C'EST COLORÉ, GAI...
ÇA A L'AIR RUDE AU TOUCHER.
VOILÀ UNE COULEUR QUI FAIT ADULTE ...
QUI FAIT MÉMÉ, VOUS VOULEZ DIRE.
LA TEXTURE EST PLUTÔT ...
JE NE SUIS PAS EMBALLÉE !

VOUS N'AVEZ RIEN DE PLUS RÉCENT ?
ズーン…
STUMP
ELLE NE LE LAISSE PAS DU TOUT CHOISIR !
EN MÊME TEMPS, C'EST NORMAL...
ELLE VEUT D'ABORD PORTER CE QUI LUI PLAÎT, MÊME SI ÇA NE CORRESPOND PAS AUX GOÛTS DE SON BIEN-AIMÉ.
LE VRAI SOUCI, C'EST QU'ELLE N'A PAS L'AIR D'AIMER CET HOMME, JUSTEMENT. QUOI QU'IL CHOISISSE, ÇA NE LUI CONVIEN-DRA PAS.
JE LA COMPRENDS, MAIS JE LA TROUVE DÉTES-TABLE.
ELLE POURRAIT MONTRER UN MINIMUM D'ÉGARDS ENVERS DES CON-SŒURS.
ELLE SAIT BIEN QU'ELLE NE TROUVERA PAS DU PREMIER CHOIX ICI !
LA BEAUTÉ N'EXCUSE PAS TOUS LES CAPRICES !

ET SI ON ALLAIT À MA BOUTIQUE ?
J'ESPÉRAIS DÉCOUVRIR DES NOUVEAUTÉS CHEZ LA CONCURRENCE ...
MAIS FINALEMENT, C'EST MIEUX CHEZ MOI.
ON EN PROFITERA POUR VOUS COMMANDER UN COSTUME ♥
AVEC PLAISIR, TRÈS CHÈRE.
HEIN ?
MAIS ...

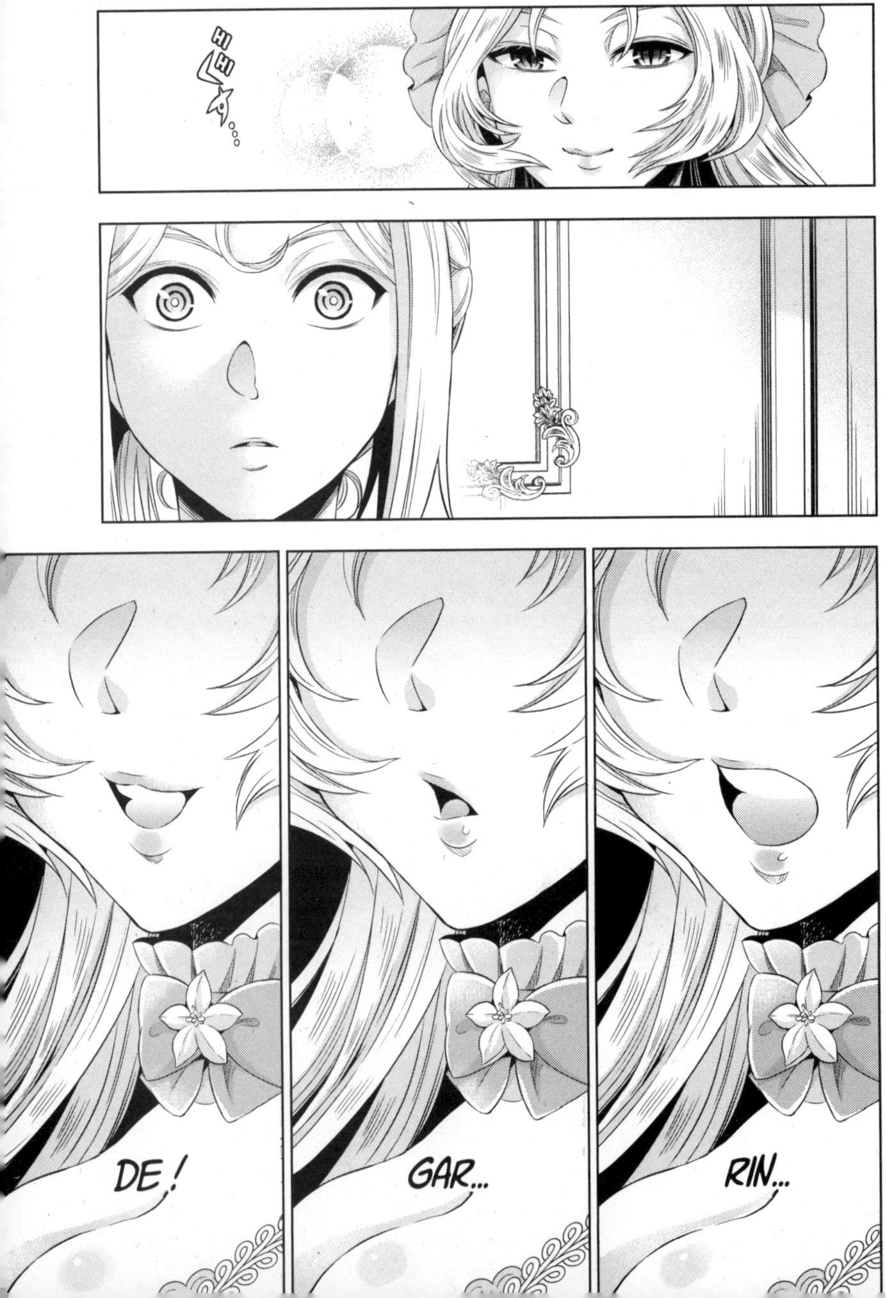
HI HI...
RIN...
GAR...
DE !

QUE ...
QU'Y A-T-IL ?

LAISSEZ-MOI CRÉER VOTRE TOILETTE.
DITES DONC...
TOI ? ME TAILLER UN VÊTEMENT ?
TU N'AS PAS L'AIR D'ÊTRE LA PATRONNE.
ET TU N'AS PAS NON PLUS UN PHYSIQUE DE VENDEUSE PHARE.
TU VIENS DE DÉBARQUER À PARIS ?
TON ACCENT NE TROMPE PAS.
HÉ

COMMENT POURRAIS-TU FABRIQUER QUELQUE CHOSE DE VALABLE ?
PARIS EST LA CAPITALE DE LA MODE.
LE STYLE PROVINCIAL N'Y A PAS SA PLACE.
DÉJÀ QUE VOUS ÊTES PAUVRES EN CHOIX DE TISSUS ...
MON ŒIL AVERTI DE PROFESSIONNELLE...
NE ME LAISSE PAS ESPÉRER GRAND-CHOSE.
SI VOUS N'ÊTES PAS SATISFAITE, VOUS N'AUREZ RIEN À RÉGLER.
BERTIN !
EXCUSEZ-LA ! ELLE EST NOUVELLE !
MOI ...

JE NE COMPTE PAS SUR MES CHARMES POUR VENDRE DES VÊTEMENTS.

PUISQUE ÇA SEMBLE SI IMPORTANT POUR TOI, C'EST D'ACCORD.
MAIS ...
ÇA DEVRAIT ÊTRE INTÉRES-SANT...
LES ÉCHANGES DE TOUT À L'HEURE T'ONT DONNÉ UN BON APERÇU DE MES GOÛTS.
PENSE AUSSI À METTRE MA PEAU EN VALEUR, COMME MONSIEUR LE DÉSIRE.
JE T'ACCORDE UNE SEMAINE.
PUISE AU FOND DE TON INSPIRA-TION...
CLING
CLING
POUR CONFECTIONNER UNE ROBE QUI ME DONNE ENVIE DE PARADER DANS PARIS.
BIEN, MADEMOI-SELLE.

UN ESCLANDRE DÈS LE PREMIER JOUR !
PARDONNEZ-MOI. SI J'ÉCHOUE, VEUILLEZ PRÉLEVER LES PERTES SUR MON SALAIRE.
J'Y COMPTE BIEN ! MAIS LÀ N'EST PAS LE VRAI PROBLÈME.
は HAA !
PRENDRE LES COMMANDES, C'EST BIEN...
ENCORE FAUT-IL RESPECTER LES ATTENTES DES CLIENTS, DANS LES DÉLAIS IMPARTIS.
LA BÉCU EST AUSSI POPULAIRE QUE LES COURTISANES DE HAUT RANG.
SI TU TE PLANTES, TOUT PARIS ENTENDRA DIRE QUE NOTRE MAISON NE SAIT PAS TRAVAILLER !

ET COMMENT RATTRAPERAS-TU LE COUP ?
JE FERAI LE NÉCESSAIRE POUR NE PAS EN ARRIVER LÀ.
TOI, LÀ, DERRIÈRE LA PORTE...
TOUT À L'HEURE, TU M'AS PROPOSÉ D'ALLER AU PALAIS-ROYAL.
HEIN ?!
JE VAIS VOUS APPRENDRE À ÉCOUTER EN CACHETTE !
JE VOUS L'EMPRUNTE...
QUOI ?!
J'AIMERAIS ME RENDRE DANS UN ENDROIT OÙ L'ON RENCONTRE DES HOMMES.
PEUX-TU ME GUIDER ?
...
D'ACCORD...

DOOONG
DIIING
VOICI LA SEINE !
EN FACE, C'EST L'ÎLE DE LA CITÉ ET LA CATHÉDRALE NOTRE-DAME !
LÀ-BAS, TU VOIS LE PONT NEUF. ET CE SUPERBE BÂTIMENT, C'EST LA POMPE À EAU DE LA SAMARITAINE.
BÂTIE IL Y A 160 ANS SUR L'ORDRE D'HENRI IV, ELLE ALIMENTE ENCORE AUJOURD'HUI LES DIFFÉRENTES FONTAINES DE PARIS.

MAIS NE TE FIE PAS À SON HORLOGE.
LES AIGUILLES INDIQUENT TOUJOURS N'IMPORTE QUOI.
TU EN SAIS, DES CHOSES, EUH...
GISÈLE !
GISÈLE FONTAINE.
MES PARENTS ÉTAIENT PORTEURS D'EAU.
ET MON GRAND FRÈRE EST GUIDE.
JE VOIS.
GISÈLE, JE TE DEMANDE PARDON POUR...
NE T'EXCUSE PAS ! GRÂCE À TOI, JE PEUX PRENDRE L'AIR PENDANT LES HEURES DE BOULOT !
JE NE PARLAIS PAS DE ÇA... ENFIN, PAS SEULEMENT...
HEIN ? AH OUI...

« MOI, JE NE COMPTE PAS SUR MES CHARMES POUR VENDRE DES VÊTEMENTS. »
C'EST VRAI QU'ON POUVAIT SE SENTIR VISÉES, NOUS AUSSI.
MAIS JE NE T'EN VEUX PAS !
PARFOIS, ÇA FAIT DU BIEN D'ENTENDRE DES VÉRITÉS !
ばし BAM
ばし BAM
ENFIN BON, JE NE SUIS PAS AUSSI MIGNONNE QUE LA BÉCU...
ばし BAM
MAIS POURQUOI VEUX-TU RENCONTRER DES HOMMES ? ÇA A UN LIEN AVEC LA COUTURE ?
EN TOUT CAS, JE L'ESPÈRE.
DANS UNE SI GRANDE VILLE, IL Y EN A FORCÉMENT.
SI JE POUVAIS LES OBSERVER, ÇA POURRAIT M'AIDER...
ÇA Y EST, NOUS Y SOMMES ...

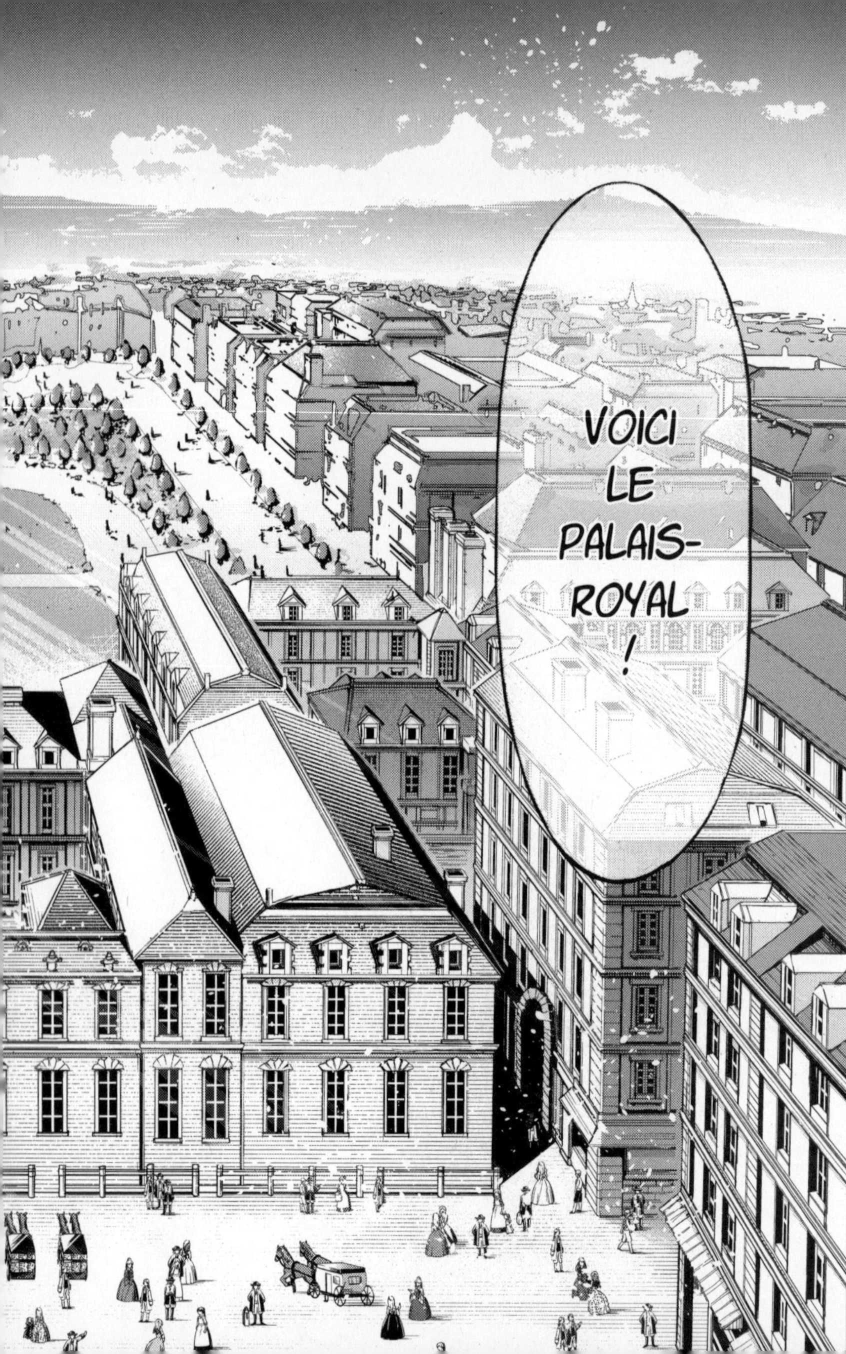
VOICI LE PALAIS-ROYAL !

*NDT : SORTE DE LONG VOYAGE D'ÉTUDES À L'ÉTRANGER EFFECTUÉ PAR LES JEUNES ARISTOCRATES, QUI POUVAIT DURER ENTRE QUELQUES MOIS ET DIX ANS.

C'EST QUOI, ÇA ?
DES BOTTES DE PAILLE POUR S'ASSEOIR. ÇA COÛTE UN SOL.
TU VOIS CES ATTROUPEMENTS ÇÀ ET LÀ ?
LES BADAUDS ÉCOUTENT LES CRIEURS PUBLICS...
ILS APPRENNENT AINSI LES DERNIÈRES NOUVELLES, EN PARTICULIER LES SCANDALES.
LES SPECTATEURS ASSIDUS PAIENT IMMANQUABLEMENT UN SIÈGE.
ON PEUT AUSSI ACHETER DES LIVRES, DES CURE-DENTS...
OH ! DU PARFUM !
TU M'ATTENDS ? JE JETTE UN COUP D'ŒIL.
C'EST PLUS PAISIBLE QUE JE NE L'IMAGINAIS. ME SERAIS-JE FOURVOYÉE ?

BERTIN ! ME REVOILÀ !
MAIS ...
BERTIN ?
STAP
STAP

ELLES SONT LÀ !
IL Y AVAIT BEL ET BIEN UN REPAIRE DE PROSTITUÉES !
« L'ENDROIT LE PLUS ANIMÉ DE PARIS »... LES HOMMES DU MONDE ENTIER Y CONVERGENT ...
EN QUÊTE DE CES CRÉATURES MERVEIL-LEUSEMENT APPRÊTÉES.

ZDOM

C'EST ICI QUE SE JOUE LA MODE PARISIENNE !
OUVRE GRAND LES YEUX ! IL Y A FORCÉMENT DES IDÉES À PRENDRE POUR LA ROBE DE LA BÉCU !

BERTIN L'IGNORAIT SANS DOUTE...
MAIS BEAUCOUP DE JEUNES COUTURIÈRES VENUES DE PROVINCE S'ADONNAIENT À LA PROSTITUTION.
FRAGILISÉES PAR LEUR ISOLEMENT, ELLES PERDAIENT FACILEMENT LEUR EMPLOI.
LA BEAUTÉ ET L'ÉLÉGANCE PROPRES À LEUR MÉTIER D'ORIGINE LES DISPOSAIENT À CETTE ACTIVITÉ NOCTURNE.
ON ESTIME QU'ELLES ÉTAIENT PRÈS DE 20 000 À HANTER LES RECOINS SOMBRES DE PARIS.

TIENS ? UNE NOUVELLE !
ELLE N'A PAS L'AIR COMMODE.
ET JE LA TROUVE ASSEZ PLATE.
LAISSE TOMBER, ELLE N'EN VAUT PAS LE COUP.
HA HA HA
PAUVRES CLOCHES.
J'SAIS PAS... J'AI PAS FORCÉMENT BESOIN DE VOIR SON VISAGE, SI TU VOIS CE QUE JE VEUX DIRE.
GULP
T'ES LIBRE POUR LA NUIT, MON CHATON ?
CHAP
MAIS ...
ZBAM
URGH !

MERDE !

FWUMP
LÂCHEZ-MOI ! JE NE SUIS PAS UNE PROSTI...
BAP
BAP
CALME-TOI ! JE NE SUIS PAS DE CEUX QUI TE POURSUIVENT.
HEIN ?
FWUSH
ALLONS, NE BOUGE PAS.
FWUSH
?!

BAP バタ
BAP バタ
BAP バタ
PAR LÀ ?!
UN PEU DE TRANQUILLITÉ, C'EST TROP DEMANDER ?!
TU N'AURAIS PAS VU PASSER UNE FILLE ?!
NAN ...
C'EST PAS ELLE. ELLE AVAIT UNE AUTRE COIFFURE.

ET ELLE N'ÉTAIT PAS SI DOCILE !
HA HA HA
ゲラゲラゲラ
ÇA VA, TU N'AS PLUS RIEN À CRAINDRE.
EUH... À QUI AI-JE L'HONNEUR ?

Chapitre 3 – Fin

LES PETITES ANECDOTES ÉCRITES SUR CARAPACE – 17

BONJOUR ! C'EST MOI, JINGETSU ISOMI !

BONJOUR ! JE SUIS K-SAWA, ASSISTANT D'ÉDITION ! ÇA NE VA PAS FORT, JINGETSU ?

J'AI PASSÉ TROIS SEMAINES AU LIT AVEC UNE TERRIBLE MIGRAINE QUI S'EST DÉCLARÉE JUSTE APRÈS LE NOUVEL AN. JE PENSAIS QUE ÇA VENAIT JUSTE D'UN COUP DE FROID, MAIS J'AI FINALEMENT DÛ PASSER UNE IRM, SUBIR UNE ANESTHÉSIE... JE N'IMAGINAIS PAS QU'IL ÉTAIT POSSIBLE DE SOUFFRIR AUTANT D'UN MAL DE CRÂNE, ET JE N'AVAIS JAMAIS CONSIDÉRÉ NON PLUS LES PÉRIPÉTIES QUE CELA POUVAIT ENGENDRER !

TU EN AS VRAIMENT BAVÉ... JE SUIS CONTENT QUE TES SOUCIS DE SANTÉ SE SOIENT CALMÉS. PASSONS AUX QUESTIONS, SI TU VEUX BIEN. JE VOUDRAIS CETTE FOIS-CI T'INTERROGER SUR LE TRAVAIL DES FEMMES ! QUE PEUX-TU NOUS DIRE, PAR EXEMPLE, SUR LES COUTURIÈRES ET LES PROSTITUÉES DE CE TEMPS-LÀ ?

C'EST UNE QUESTION DIFFICILE. MOI AUSSI, J'AIMERAIS BIEN EN SAVOIR PLUS.

C'EST PLUTÔT RARE...

JE NE PRÉTENDS PAS AVOIR LA SCIENCE INFUSE (RIRES) ! CETTE MÉCONNAISSANCE EST AUSSI DUE AU FAIT QUE LE TRAVAIL DES FEMMES N'ÉTAIT PAS VU DE FAÇON PARTICULIÈREMENT POSITIVE. ELLES ÉTAIENT JUGÉES INFÉRIEURES AUX HOMMES, COMME LE PROUVENT TOUTES LES LOIS ET COUTUMES QUI FAISAIENT D'ELLES LA PROPRIÉTÉ DE CES MESSIEURS. IL ÉTAIT PAR EXEMPLE PARDONNÉ À UN MARI DE TUER SON ÉPOUSE S'IL LA SURPRENAIT EN FLAGRANT DÉLIT D'ADULTÈRE. ET IL EXISTAIT DES LIEUX AUXQUELS LES FEMMES CÉLIBATAIRES NE POUVAIENT PAS ACCÉDER. IL LEUR ÉTAIT QUASIMENT IMPOSSIBLE DE VIVRE SEULES ; ELLES N'AVAIENT D'AUTRE CHOIX QUE DE SE MARIER À DES HOMMES QUI SUBVENAIENT À LEURS BESOINS. CEPENDANT, DANS LES FOYERS PAUVRES DES CAMPAGNES, LES FEMMES TRAVAILLAIENT AUX CHAMPS, ET DANS LES VILLES, ELLES CHERCHAIENT DES EMPLOIS AU JOUR LE JOUR POUR POUVOIR ACHETER DE QUOI MANGER. DANS LE PEUPLE, LES DEUX SEXES TRAVAILLAIENT DU MATIN JUSQU'AU SOIR, MAIS SEULE UNE PARTIE DES EMPLOIS OCCUPÉS PAR LES FEMMES ÉTAIENT DÛMENT RÉMUNÉRÉS. J'IMAGINE QUE LA PROSTITUTION N'ÉTAIT PAS EXERCÉE PAR CHOIX, D'AUTANT PLUS QU'ELLE ÉTAIT CONDAMNÉE PAR L'ÉGLISE. S'IL EXISTE UNE LISTE DES MÉTIERS FÉMININS AU XVIIIE, J'AIMERAIS VRAIMENT POUVOIR LA CONSULTER !

IL Y A QUELQUES SIMILITUDES AVEC LES MÈRES AU FOYER JAPONAISES DES DÉCENNIES PASSÉES. ELLES TRIMAIENT TOUS LES JOURS DE L'ANNÉE, SANS QUE CE SOIT POUR AUTANT CONSIDÉRÉ COMME UN VÉRITABLE TRAVAIL. À UN MOMENT, LA CONVERSION DE LEURS EFFORTS EN SALAIRE A FAIT GRAND BRUIT DANS LA SOCIÉTÉ.

C'EST UN PROBLÈME QUI EST TOUJOURS D'ACTUALITÉ ! MAIS PROFITONS PLUTÔT DE CETTE OCCASION POUR CREUSER LE SUJET DES COUTURIÈRES. POUR QU'UN MÉTIER SOIT RECONNU, IL FALLAIT QU'IL SOIT INSTITUTIONNALISÉ. C'EST EN 1675 QU'EST NÉE LA « COMPAGNIE DES MAÎTRESSES COUTURIÈRES ». AVANT CELA, LES FEMMES POUVAIENT SEULEMENT AIDER LEURS MARIS QUAND CES DERNIERS ÉTAIENT TAILLEURS DE PROFESSION. ELLES ONT ACQUIS CE NOUVEAU DROIT GRÂCE À LOUIS XIV, QUI JUGEAIT CONVENABLE POUR LES FEMMES DE SE FAIRE HABILLER PAR DES PERSONNES DU MÊME SEXE.

LE TROISIÈME CHAPITRE SE DÉROULE EN 1766, SOIT MOINS D'UN SIÈCLE APRÈS LA CRÉATION DE CE MÉTIER. MADAME BARBIER ÉTAIT UNE PIONNIÈRE DANS LE DOMAINE !

LES COUTURIÈRES QUI ÉTAIENT LOGÉES PAR LEUR PATRONNE N'AVAIENT PAS LEUR PROPRE ESPACE. ELLES COUCHAIENT DANS LE FOND DE LA BOUTIQUE, SERRÉES COMME DES SARDINES, ET TRAVAILLAIENT SANS RELÂCHE. ELLES S'ABÎMAIENT LA VUE À COUDRE À LA BOUGIE, À LA NUIT TOMBÉE. SOUVENT ILLETTRÉES, ELLES SE FAISAIENT ESCROQUER SUR LEUR SALAIRE. LEURS CONDITIONS D'EMPLOI NE LES PROTÉGEAIENT EN RIEN, ET ELLES POUVAIENT SE RETROUVER À LA RUE DU JOUR AU LENDEMAIN. IL NE DEVAIT PRATIQUEMENT RIEN RESTER À CELLES QUI ENVOYAIENT DE L'ARGENT À LEUR FAMILLE.

C'ÉTAIT UNE VIE ASSEZ CRUELLE. ON A VU DANS LE MANGA QUE CERTAINES DEVENAIENT PROSTITUÉES.

OUI. LE FAIT QUE CETTE ACTIVITÉ AIT ÉTÉ CONSIDÉRÉE COMME UN « TRAVAIL FÉMININ » ÉTAIT QUELQUE CHOSE D'INNOVANT, À L'ÉPOQUE. DES ACTIVITÉS NAISSAIENT OU DISPARAISSAIENT EN FONCTION DE LA MODE, COMME LA PLUMASSERIE, PAR EXEMPLE. C'EST ASSEZ COMPLEXE COMME SUJET. ON Y REVIENDRA UNE AUTRE FOIS. J'AURAIS BIEN AIMÉ PARLER DU QUOTIDIEN DES PROSTITUÉES, ET DU PALAIS-ROYAL...

ÇA AURAIT ÉTÉ INTÉRESSANT, EFFECTIVEMENT. J'ESPÈRE QU'ON AURA BIENTÔT L'OCCASION D'ABORDER CE SUJET.

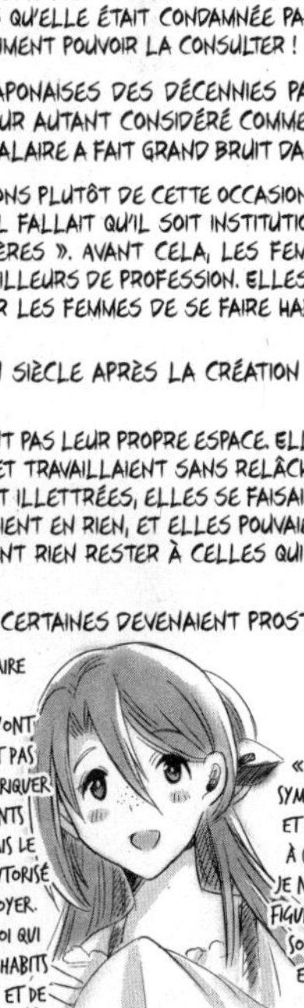

À PLUS TARD POUR LE CHAPITRE 4 !

Rose Bertin

La Couturière Fatale

Chapitre 4 La nature profonde des hommes

TU COMPTAIS ÉTUDIER LA MODE EN REGARDANT LES PROSTITUÉES ?!
C'EST UNE SACRÉE IDÉE !
JE N'Y AURAIS JAMAIS PENSÉ !
JE DEVRAIS PEUT-ÊTRE SUIVRE TON EXEMPLE.
HMM ...
QUEL ÉTRANGE INDIVIDU... N'IMPORTE QUI D'AUTRE M'AURAIT ALERTÉE SUR LE DANGER OU M'AURAIT REPROCHÉ L'INCONVENANCE DE MA DÉMARCHE.
ET PUIS...
TU PRÉTENDS ÊTRE LE MEILLEUR COIFFEUR DE PARIS, N'EST-CE PAS ?
OUAIS ...

*NDT : BOIS UTILISÉ POUR LA FABRICATION DES MEUBLES DE LUXE. SYMBOLE DE RICHESSE, IL FAIT PARTIE DES TROIS ESSENCES CONSIDÉRÉES COMME LES PLUS PRÉCIEUSES.

ET PUIS, PARLONS DE TON ACCOUTREMENT...
UNE CHEMISE ET DES CHAUSSES EN CHANVRE GROSSIER...
UN MANTEAU HORS DE SAISON, SANS GILET EN DESSOUS...
PAS DE CRAVATE NI DE DENTELLES...
À VOIR LA DÉFORMATION DE TES SOULIERS, J'IMAGINE QU'ILS SONT EN CUIR DE PORC.

TOUT DANS TON APPARENCE SENT LA PROVINCE.
あははは
HA HA HA
JE NE M'Y ATTENDAIS PAS, À CELLE-LÀ !
ME FAIRE RÉPRIMANDER PAR LA PAUVRESSE QUE J'AI SAUVÉE !
TOUTES LES COUSEUSES SONT COMME TOI ?
JE VAIS DEVOIR M'HABITUER À LA POLITESSE PARISIENNE.

JE TE REMERCIE DE M'AVOIR PORTÉ SECOURS ...
FWISH
FWISH
MAIS CE N'EST PAS UNE RAISON POUR ME BERNER.
JE NE COMPRENDS PAS.
D'HABITUDE, LES FILLES ME CROIENT SUR LA SEULE FOI DE MON BEAU VISAGE.
POC
ENFIN BON, JE VOIS LA SITUATION ...
TOUT COMME MOI, TU ARRIVES D'AILLEURS ...
ET TU T'EN ES PRISE À LA PREMIÈRE COUTURIÈRE DE PARIS.

T'AS VRAIMENT PAS FROID AUX YEUX !
...
ET TOI, TU ES VRAIMENT BIZARRE...
COMME TU L'AS DEVINÉ, JE DÉBARQUE TOUT JUSTE À PARIS.
JE VIENS DE GAS-COGNE.

*NDT : HOMME DE GUERRE QUI A INSPIRÉ LE HÉROS DES TROIS MOUSQUETAIRES. ORIGINAIRE DE GASCOGNE, IL FUT AU SERVICE DE LOUIS XIV.

JE DEVIENDRAI LE MEILLEUR COIFFEUR DE PARIS...
ET J'OUVRIRAI UN SOMPTUEUX SALON.
DANS MON ESPRIT, ÇA NE FAIT AUCUN DOUTE.
COMME TOI...
J'USERAI DE TOUS LES MOYENS POUR RÉUSSIR.
IL A UNE CONFIANCE SURDIMENSIONNÉE...
MAIS IL FAUT AVOUER...

QU'IL M'A COIFFÉE EN UN INSTANT, SANS ÉPINGLES NI RUBANS.
AYANT EXERCÉ LE MÊME MÉTIER...
JE PEUX VOIR AVEC CERTITUDE QUE SON TALENT ...
DÉPASSE LARGEMENT LE MIEN !
JE L'ENLÈVE, SI C'EST TELLEMENT RINGARD.
BON... IL EST TEMPS D'Y ALLER.
LA RUE NEUVE-DES-PETITS-CHAMPS EST À DEUX PAS D'ICI.
STAP
HEIN ?

ON VA À LA BOUTIQUE DE LA BÉCU ! DANS LES AFFAIRES, C'EST NORMAL DE SE RENSEIGNER SUR LA CONCURRENCE.
PEUT-ÊTRE, MAIS... POURQUOI VEUX-TU M'ACCOMPAGNER ?
LÀ-BAS, TU ÉTAIS EN TRAIN DE CHERCHER UNE PROSTITUÉE, N'EST-CE PAS ?
AH, T'AVAIS DEVINÉ ?
ET ALORS ? TE SUIVRE ME SEMBLE BIEN PLUS DIVERTISSANT.
PFF...
はあ
COMME TU VOUDRAS...
FWAP
POURQUOI TU LES DÉCOIFFES ? ILS ÉTAIENT BIEN COMME ÇA.
JE NE SUIS PAS HABITUÉE, ALORS ÇA ME REND NERVEUSE. ET MON TRAVAIL EN PÂTIT...
CARRÉMENT ?

BLA
ガヤ
BLA
ガヤ
Maison de mode « La Toilette »
BLA
ガヤ
BLA
ガヤ
えへー
PFOUH !
ILS VIENNENT TOUS POUR LA BÉCU ?
BLA
ガヤ
BLA
ガヤ
AVEC CETTE FOULE, ON N'ARRIVERA JAMAIS À VOIR L'INTÉRIEUR.
ET SI ON ENTRE, JE SERAI INSTANTANÉMENT REPÉRÉE.
ESSAYONS DE JETER UN ŒIL À L'ARRIÈRE DU BÂTIMENT.

BAM
TU NE PEUX PAS T'ÉCARTER UN PEU ?
HÉ ! NE ME POUSSE PAS !
KRIII
ET D'ABORD, POURQUOI NE PAS MONTER À TOUR DE RÔLE ?!
SHHH
SI JE RESTE EN BAS, JE VERRAI SOUS TA ROBE… C'EST VRAIMENT CE QUE TU VEUX ?
EN PLUS, J'AI ENVIE D'ADMIRER LA BÉCU AUSSI LONG-TEMPS QUE POSSIBLE.
UNE TELLE FRANCHISE A QUELQUE CHOSE DE RAFRAÎ-CHISSANT …
REGARDE, ON A PLUTÔT UNE BELLE VUE…

C'EST DONC ICI QUE TRAVAILLE LA PREMIÈRE COUTURIÈRE DE PARIS...
MADE-MOISELLE BÉCU ! VOUS VOULEZ BIEN VOUS OCCUPER DE MA COMMANDE, APRÈS ÇA ?!
C'EST MOI, LE SUIVANT !
UN SOURIRE, PAR ICI !

COUCOU
...

MADEMOISELLE BÉCU !
MADEMOISELLE !
MADEMOISELLE BÉCU !
VOILÀ, JE SUIS À VOUS. VOUS VENEZ À NOUVEAU PASSER COMMANDE POUR VOTRE SŒUR ?
TOUT À FAIT, MADEMOISELLE BÉCU !
C'EST CRAQUANT, UN GRAND FRÈRE AUSSI ATTENTIONNÉ... ♥
BOING
ぽよん
C'EST... C'EST... C'EST VOUS QUI ME FAITES CRAQUER ! VOUS ÊTES MA DÉESSE !

OUAAAAH...
WAOUH !
C'EST ELLE ?! FABULEUX !
AH, SI JE POUVAIS ÊTRE SON CLIENT... PAS ÉTONNANT QUE LES AFFAIRES MARCHENT FORT.
ÇA, C'EST SÛR.
HORMIS L'ATTRACTION DE LA BÉCU, IL Y A AUSSI L'INTÉRIEUR RICHEMENT MEUBLÉ ET DÉCORÉ.
RIEN À VOIR AVEC LA BOUTIQUE QUI M'EMPLOIE.
CLING CLING
JE DEVRAIS BIEN TROUVER UNE IDÉE POUR CONCEVOIR MA...
TIENS ! MAIS QUI VOIS-JE ?
STAP

MONSIEUR LE VICOMTE DU BARRY !

BIENVENUE DANS NOTRE BOUTIQUE. QUE DÉSIREZ-VOUS ?
TU PARLES AFFAIRES AVANT MÊME QUE JE M'INSTALLE ?
EN VOILÀ DES MANIÈRES...
PARDON-NEZ-MOI. VENEZ, JE VOUS EN PRIE.
COMMENT IL PARLE À MA BÉCU, CELUI-LÀ ?!
TAIS-TOI, MALHEU-REUX ! C'EST DU BARRY, DIT LE ROUÉ !
IL PARAÎT QU'IL A L'OREILLE DU ROI EN PERSONNE.
TIENS-TOI TRANQUILLE, SI TU VEUX ÉVITER LES ENNUIS !

VOICI NOTRE CATA-LOGUE.
CONSUL-TEZ-LE TRANQUIL-LEMENT, JE VOUS EN PRIE.

RECULE DONC, GOURGANDINE !
TU AS VU CE QU'IL ...
OUAH !
ATTEN-TION ...
FLOB
BLAAAM

AÏE ...
LÉONARD ! TOUT VA B...
?!
QUE ...
QUOI ?!
OUAAAAH
AU XVIIIE SIÈCLE, LES JAMBES ÉTAIENT CONSIDÉRÉES COMME UNE PARTIE DU CORPS PARTICULIÈREMENT ÉROTIQUE.

UNE FEMME ÉTAIT PLUS GÊNÉE DE MONTRER SES JAMBES QUE DE DÉVOILER SA POITRINE...
AU POINT QUE LES CLIENTES N'ESSAYAIENT MÊME PAS LES SOULIERS EN BOUTIQUE.
AUTRE-MENT DIT...
OUAAH...
T'AS DES JAMBES TELLEMENT SENSUEL-LES !
C'ÉTAIT CE QUI POUVAIT ARRIVER DE PIRE.

ALORS ? C'ÉTAIT INSTRUCTIF ?
OUH LÀ, J'AI BESOIN DE ME RAFRAÎCHIR.
LE VICOMTE DU BARRY EST UN GROS CLIENT.
MAIS LA BÉCU NE L'INTÉRESSE PAS.
IL NE SE LAISSE PAS TOURNER LA TÊTE PAR LES FEMMES.
TU CROIS ÇA ?
S'IL N'ÉTAIT PAS INTÉRESSÉ, IL NE FRÉ-QUENTERAIT PAS CETTE BOUTIQUE. D'AILLEURS, SACHE QUE...

TOUS LES HOMMES SONT DES PERVERS !
CE SONT DES CRÉATURES SIMPLES À COMPRENDRE.
IL N'EN EXISTE QUE DEUX CATÉGORIES.
LES PERVERS QUI S'ASSUMENT...
ET CEUX QUI S'EN CACHENT.

QUOI ?
MOI, PAR EXEMPLE, JE NE ME DÉROBE PAS.
JE SUIS OUVERT AUX FILLES QUI S'OFFRENT À MOI, QUI DÉBALLENT TOUS LEURS ATTRAITS...
LE PROBLÈME, CE SONT LES REFOULÉS. ILS NE SAVENT PAS ÊTRE FRANCS AVEC LE SEXE OPPOSÉ.
MAIS ÇA NE SIGNIFIE PAS QU'ILS SONT INDIFFÉRENTS.
JE PENSE MÊME QUE LEURS FANTASMES SONT PIRES QUE LES NÔTRES.
POUR FERRER UN TEL POISSON, UN PEU DE RETENUE EST PARFOIS PLUS PAYANT.
DISSIMULER LES FORMES FÉMININES PERMET DE CONSERVER...
LES APPARENCES D'UNE DISTANCE RESPECTABLE.

DE SURCROÎT, ÇA EXCITE ENCORE PLUS L'IMAGINATION...
COMME TOI, AVEC TES JAMBES !
SI ON SUIT CETTE LOGIQUE, LA BÉCU EST TROP PROVOCANTE.
POUR OBTENIR LES FAVEURS DE DU BARRY, ELLE DOIT DONC CACHER SON CORPS ?
SI SA TOILETTE FAIT CHAVIRER LE VICOMTE, ELLE APPRÉCIERA SÛREMENT MON TRAVAIL.
DOIS-JE LA COUVRIR DAVANTAGE QUE PRÉVU ?

DANS CE CAS, LES CLIENTS QUI VIENNENT L'ADMIRER REPARTIRONT DÉÇUS.
CE N'EST VRAIMENT PAS CE QU'ELLE SOUHAITE.
ELLE M'A COMMANDÉ UNE TENUE POUR PARADER DANS LES RUES.
PAS POUR SE CAMOUFLER...
CERTAINS HOMMES AIMENT VOIR LES CHAIRS EXPOSÉES, D'AUTRES PRÉFÈRENT QU'ELLES RESTENT VOILÉES.
COMMENT FAIRE UNE TOILETTE QUI CONTENTE TOUT LE MONDE ?
HEEEEIN ?
AH BON ? TU AS VRAIMENT ACCÈS AU PALAIS-ROYAL POUR TON TRAVAIL ?
TU ES UN ARISTOCRATE DÉGUISÉ EN GARÇON DU PEUPLE ?
QUE FERIEZ-VOUS SI TEL ÉTAIT LE CAS ?
ENCORE EN TRAIN DE BARATINER...

MAIS T'ES TREMPÉ !
OUI, JE ME SUIS ASPERGÉ À CETTE FONTAINE.
TIENS, ES-SUIE-TOI !

Chapitre 4 – Fin

LES PETITES ANECDOTES ÉCRITES SUR CARAPACE – 18

BONJOUR ! C'EST MOI, JINGETSU ISOMI ! BONJOUR, K-SAWA !

BONJOUR ! JE SUIS K-SAWA, ASSISTANT D'ÉDITION ! TU AS L'AIR D'ALLER BEAUCOUP MIEUX, JINGETSU.

OH QUE OUI ! LES LETTRES DES LECTEURS ET LES CHOCOLATS DE LA SAINT-VALENTIN QUE J'AI REÇUS PENDANT MON ALITEMENT M'ONT BIEN RÉCHAUFFÉ LE CŒUR. MERCI ÉGALEMENT POUR LES MESSAGES SUR INTERNET.

LE SOUTIEN DES AUTRES EST PLUS IMPORTANT QUE N'IMPORTE QUELLE MÉDICATION. MAINTENANT QUE TU ES SUR PIED, JE ME PERMETS DE TE QUESTIONNER SUR LE FÉTICHISME AU XVIIIe SIÈCLE, EN LIEN AVEC CETTE SCÈNE DU CHAPITRE 4 ! À CETTE ÉPOQUE, EXPOSER SES JAMBES ÉTAIT QUELQUE CHOSE DE HONTEUX... LES CHOSES ONT BIEN ÉVOLUÉ AUJOURD'HUI... J'AIMERAIS QUE TU M'EN DISES PLUS SUR CES GOÛTS.

JE COMMENCE PAR LA CONCLUSION : ÇA VIENT DE LA RELIGION CHRÉTIENNE, QUI CONSIDÈRE QUE LES PLAISIRS SEXUELS SONT UN PÉCHÉ ET QUE LES FEMMES DOIVENT RESTER DES ÊTRES PURS. MONTRER SES JAMBES EST ASSOCIÉ AU SEXE, C'EST TOUT À FAIT INCONVENANT. CETTE FAÇON DE PENSER EST EN RÉALITÉ ANCRÉE DEPUIS DES TEMPS TRÈS ANCIENS EN OCCIDENT. ON L'OBSERVE DANS LA CULTURE GRECQUE OU DANS LA DOCTRINE GNOSTIQUE. LES MŒURS DU XVIIIe SIÈCLE SONT À RESITUER DANS CE PROLONGEMENT. EXPOSER SES JAMBES, C'ÉTAIT PRENDRE LE RISQUE D'ÊTRE VUE COMME UNE PROSTITUÉE.

DANS CE CONTEXTE, LES MINI-JUPES D'AUJOURD'HUI SEMBLENT CONSTITUER UN CHANGEMENT PRESQUE TROP RADICAL. POURQUOI FAIT-ON AINSI LE LIEN ENTRE LES JAMBES ET LE SEXE ?

IL EXISTE ENCORE DE NOMBREUX PAYS DANS LESQUELS LA RELIGION ORDONNE DE CACHER SES JAMBES. J'AI DÉJÀ LU DES ARTICLES FAISANT ÉTAT DE PROBLÈMES LIÉS AUX TOURISTES JAPONAISES RÉVÉLANT UN PEU TROP LEURS GAMBETTES. IL VAUT MIEUX ESSAYER DE FAIRE ATTENTION À SA TENUE, LORSQU'ON VOYAGE À L'ÉTRANGER. QUOI QU'IL EN SOIT, ON AURA BIEN COMPRIS QUE C'EST UN SUJET RELATIVEMENT SENSIBLE EN OCCIDENT. PLUS LE SUJET EST TABOU, PLUS LES JAMBES SONT ASSOCIÉES À UN PLAISIR SENSUEL, ET PLUS LE FÉTICHISME QUI S'Y RATTACHE SE DÉVELOPPE. AU XVIIIe, CET ATTRAIT EST NOTABLE CHEZ LES GRANDS ÉCRIVAINS GOETHE ET CASANOVA. EN FRANCE, ON PEUT CITER RESTIF DE LA BRETONNE, PARMI D'AUTRES. GOETHE AURAIT DIT QUE DE JOLIES JAMBES ÉTAIENT LES PLUS BEAUX DONS QUE LA NATURE AVAIT À OFFRIR. EN ANGLETERRE, ON CONSIDÉRAIT QU'UN MARIAGE CONCLU AVEC UNE SÉDUCTRICE EN HAUTS TALONS N'AVAIT PAS DE VALEUR. LE FÉTICHISME SE SERAIT MÊME ÉTENDU AUX PIEDS DE MEUBLES !

QU'EST-CE QUE C'EST QUE CETTE HISTOIRE ? C'EST INCROYABLE (RIRES).

LE LIEN ENTRE JAMBES ET SENSUALITÉ S'EST ÉVIDEMMENT ÉTENDU À LA TENUE. LES FEMMES DE LA NOBLESSE PORTAIENT PLUSIEURS COUCHES DE BAS EN SOIE, SUR LESQUELLES ELLES FAISAIENT COUDRE DES BRODERIES ET DES PIERRES PRÉCIEUSES. ELLES S'AMUSAIENT À EN LAISSER APERCEVOIR QUELQUES CENTIMÈTRES. SI ON RAMÈNE LE PRIX AU COURS ACTUEL, UNE PAIRE DE BAS POUVAIT VALOIR JUSQU'À PRÈS DE 1 500 EUROS. C'EST L'ÉQUIVALENT, POUR L'ÉPOQUE, DES DESSOUS AFFRIOLANTS D'AUJOURD'HUI.

MAIS IL N'EXISTE PAS DE SOUS-VÊTEMENTS À CE TARIF-LÀ, AUJOURD'HUI... ET QU'EN ÉTAIT-IL DES CULOTTES, AU XVIIIe SIÈCLE ?

PERSONNE N'EN PORTAIT. C'EST BIEN POUR ÇA QUE MONTRER SES JAMBES ÉTAIT VRAIMENT OSÉ...

AH, JE COMPRENDS MIEUX, MAINTENANT. JE CONÇOIS QUE CE SOIT AUTREMENT PLUS GÊNANT QUE DE MONTRER SA POITRINE.

POUR INFORMATION, LÉONARD FAIT GRAND CAS DES JAMBES DE ROSE BERTIN, DANS SES MÉMOIRES.

ON SE DEMANDE COMMENT IL A PU Y AVOIR ACCÈS...

EXACTEMENT. J'Y AI LONGUEMENT RÉFLÉCHI, ET LE RÉSULTAT PEUT SE VOIR DANS LE CHAPITRE 4 (RIRES).

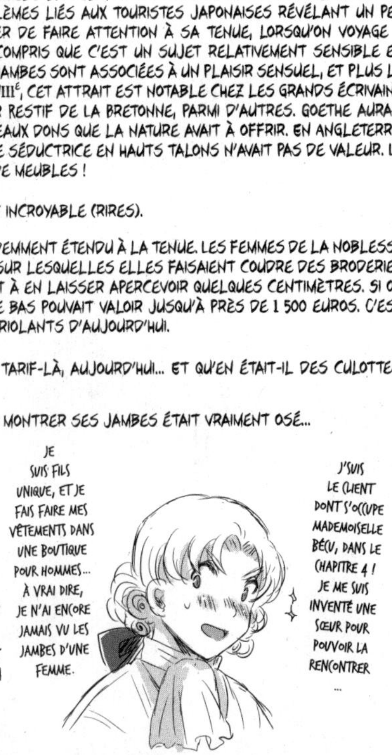

ALORS, À LA PROCHAINE FOIS !

Rose Bertin

La Couturière Fatale

Chapitre 5 ⚜ Une troisième Marie

DIIING
DOOONG
CLONG
ON M'A PRÉVENUE QUE MA COMMANDE ÉTAIT PRÊTE.
MERCI DE VOTRE PATIENCE.

TU AS BEL ET BIEN RÉALISÉ LE TRAVAIL EN UNE SEMAINE ...
TU AURAIS TRÈS BIEN PU DÉCLINER, TU SAIS ...
QUEL CULOT, C'EST ELLE QUI A IMPOSÉ CE DÉLAI SERRÉ, EN SACHANT QUE BERTIN NE POURRAIT PAS REFUSER !
HEUREUSEMENT QUE LES TISSUS ONT ÉTÉ LIVRÉS À TEMPS !
JE COMPTE SUR TOI, BERTIN ! LA RÉPUTATION DE LA BOUTIQUE EST EN JEU !
VOICI VOTRE ROBE.
JE L'AI BAPTI-SÉE ...
FWAP

« PLAISIRS NOCTURNES POUR DAME DU MONDE ».

COM-
MENT LA
TROU-
VEZ-
VOUS
?
NON
MAIS
FRAN-
CHE-
MENT
...
TU TE
MOQUES
DE MOI
?!

TU ME VOIS VRAIMENT ARPENTER LES RUES DE PARIS DANS UNE ROBE AUSSI TERNE ?
ON DIRAIT UNE TENUE DE DEUIL. C'EST LAMENTABLE.
HMM...
IL EST VRAI QUE ÇA MANQUE UN PEU D'ÉCLAT.
COMMENT DIRE ? ÇA N'EXPRIME PAS VRAIMENT LA FÉMINITÉ ...
FORCÉMENT, S'IL AIME LES HABITS QUI FONT RESSORTIR LA POITRINE ...
COMMENT BERTIN VA-T-ELLE RETOURNER LA SITUATION ?!
LES VÊTEMENTS SONT FAITS POUR ÊTRE PORTÉS.

ESSAYEZ-LA...
ET VOUS ME DIREZ CE QUE VOUS EN PENSEZ.
FWUSH

JE N'EN REVIENS PAS.
DEPUIS LA COMMANDE, JE NE L'AI RENCONTRÉE QU'UNE FOIS, POUR QU'ELLE PRENNE MES MESURES...
ET POURTANT, LA ROBE EST PARFAITEMENT AJUSTÉE.
EN PRINCIPE, C'EST IMPOSSIBLE À OBTENIR SANS FAIRE DES FAUFILAGES.
CETTE FILLE N'EST PAS QU'UNE SIMPLE COUSEUSE.

SOUHAITEZ-VOUS DES RUBANS DANS LES CHEVEUX ASSORTIS À LA ROBE ?
OUI ...
ET PENDANT QUE TU Y ES, COIFFE-MOI À TA GUISE.
JE SUIS DU GENRE À OBTENIR TOUTES LES FAVEURS.
TCHAK-
J'AI FINI. VENEZ VOUS REGARDER DANS LA GLACE.

MAIS ...
C'EST ...

*NDT : DENTELLE TISSÉE GRÂCE À DES FILS ENROULÉS SUR DES FUSEAUX, TRÈS PRISÉE À CETTE ÉPOQUE. CERTAINES PIÈCES ÉTAIENT CONSIDÉRÉES COMME DE VÉRITABLES TRÉSORS.
**NDT : LE TULLE EST UN TISSU AJOURÉ FABRIQUÉ À PARTIR DE FILS ENTREMÊLÉS.

C'EST INCROYABLE !
LA TRANSPARENCE CHANGE SELON LA DISTANCE !
DE LOIN, LA PEAU EST TOTALEMENT INVISIBLE.
MAIS LORSQU'ON S'APPROCHE, ON A DROIT À UNE TOUT AUTRE VISION...
SEUL L'HOMME QUI MARCHE À TES CÔTÉS A LE PRIVILÈGE D'ADMIRER TES CHARMES.
ÇA DONNE UNE ENVIE IRRÉPRESSIBLE DE SE METTRE TOUT CONTRE TOI.
VRAIMENT...
LE TULLE EST UN OUVRAGE TISSÉ.
MAIS DE LOIN, IL SEMBLE ÊTRE UNE ÉTOFFE.

POUR LA DENTELLE, J'AI CHOISI LE NOIR POUR L'IMPRESSION D'ENSEMBLE.
LES PETITS POINTS SOULIGNENT LA BLANCHEUR DE LA PEAU.
UN GENTILHOMME A BESOIN DE LA DISTINCTION D'UNE LADY À SON BRAS ...
IL EST EXIGÉ D'UNE DAME DISTINGUÉE ...
QU'ELLE SOIT ÉLÉGANTE TOUT EN CACHANT SES CHARMES DERRIÈRE UN VOILE DE PUDEUR.
IL ME SEMBLE QUE CETTE TOILETTE EST DIGNE DE LA PREMIÈRE COUTURIÈRE DE PARIS... QU'EN PENSEZ-VOUS ?

VEUX-TU BIEN RASSEMBLER LES VÊTEMENTS QUE JE PORTAIS EN ARRIVANT ?
JE VAIS RENTRER DANS CETTE TENUE.
MERCI, BERTIN.
J'AI DÉCOUVERT AVEC TOI UNE NOUVELLE FAÇON D'ABORDER LA COUTURE.
TU M'AS APPRIS QUELQUE CHOSE.

Trois mois plus tard.
BLA BLA
BLA BLA
IL PARAÎT QUE LE VICOMTE DU BARRY A PRIS LA BÉCU SOUS SON AILE !
ELLE A GAGNÉ LE GROS LOT.
MA BÉCUUUU !

SWAP
CLING
...
HA HA HA
ON DIRAIT QUE LA BÉCU T'A SURPASSÉE, FINALEMENT !
URGH...
SALUT ! COMME ON SE RETROUVE !
?!
TU AS DISPARU À LA VITESSE DE L'ÉCLAIR, LA DERNIÈRE FOIS.
JE T'AI CHERCHÉE, TU SAIS. AUJOURD'HUI, J'ESPÉRAIS ENFIN TE TROUVER ICI.
FFT
TU LUI AS CONFECTIONNÉ UNE BELLE TOILETTE, ON DIRAIT !
POURQUOI ME CHERCHAIS-TU, AU JUSTE ?

DIS-MOI TON NOM.
JE VEUX SAVOIR COMMENT S'APPELLE LA FUTURE REINE DE LA MODE PARISIENNE.
MARIE-JEANNE BERTIN.

BERTIN ! TE VOILÀ !
REVIENS À LA BOUTIQUE, ON A BESOIN DE TOI !
MAIS C'EST QUI, CE BEAU GARÇON ?!
QUE SE PASSE-T-IL ?
AH OUI, PARDON ! IL Y A UNE CLIENTE QUI T'ATTEND !
ET FIGURE-TOI...
ELLE VEUT RENCONTRER CELLE QUI A CONFECTIONNÉ LA ROBE DE LA BÉCU !

QUE C'EST MADEMOI-SELLE PAGELLE, LA PATRONNE DU TRAIT GALANT ...
LA PLUS FAMEUSE MAISON DE MODE DE PARIS !
DIIING-
DOOONG

Léonard-Alexis Autié
Connu plus tard comme le « dieu de la coiffure ». Il deviendra coiffeur, également au service de Marie-Antoinette. Il a profondément marqué son époque dans son domaine.

Marie-Jeanne Bertin
Connue plus tard sous le nom de Rose Bertin. Elle a marqué l'histoire de la mode et fut la modiste de la reine Marie-Antoinette. On la considéra comme la « ministre des Modes ».
Marie-Jeanne Bécu
Connue plus tard comme « Madame du Barry ». Elle deviendra la favorite du roi Louis XV. Elle fut l'une des femmes les plus belles et les plus sensuelles de son époque. On lui prête une rivalité avec Marie-Antoinette.

Château de Schönbrunn, Vienne, archiduché d'Autriche, Saint-Empire romain germanique.
COMME ELLE EST JOLIE !

REGARDEZ, MÈRE ! C'EST UN PRÉSENT DU COMTE DE MERCY !
JE SUIS CONTENTE QUE ÇA VOUS FASSE PLAISIR, CHARLOTTE.
TIENS ? J'AI L'IMPRESSION QU'IL EN MANQUE UNE...
JE CROIS QU'ELLE EST DÉJÀ SORTIE PRENDRE L'AIR.
CETTE ENFANT NE TIENT VRAIMENT PAS EN PLACE ...
QUAND JE PENSE QU'ELLE EST UN JOUR DESTINÉE À UN PRINCE ...
FAITES-LA RE-VENIR.
BIEN, VOTRE MAJESTÉ.
C'EST L'HEURE DE VOTRE LEÇON !
VSSSHH

MADEMOISELLE MARIA ANTONIA !
Johanna von Habsburg-Lothringen
maison de Habsbourg
sous le nom de Marie-Antoinette

Maria Antonia Josepha
Onzième fille de la
Future reine de France,

J'AI PAS ENVIE !
JE DÉTESTE ÉTUDIER !
NE DITES PAS CELA, VOUS ALLEZ ENCORE VOUS FAIRE GRONDER PAR SA MAJESTÉ.
J'AI DIT NON !
JE VEUX M'AMUSER AVEC ELLE, AUJOURD'HUI.
COMMENT VAIS-JE L'APPELER ?

TIENS ?
Trait Galant
VOILÀ SANS DOUTE LA CARTE DE LA BOUTIQUE OÙ ELLE A ÉTÉ ACQUISE.
COMMENT ÇA SE LIT ?
VOUS DEVRIEZ VRAIMENT ÉTUDIER UN PEU PLUS, MADEMOI-SELLE...
EUH... « TRAIT... GALANT » ...
Trait Galant
C'EST DU FRANÇAIS.
ON TROUVE DONC EN FRANCE DE SI BEAUX OBJETS ...
J'AIMERAIS BIEN M'Y RENDRE ...

LE FIL
DU DESTIN
COMMENCE
À TISSER
SA TOILE...
POUR
FORMER LE
RÉCIT QUI RELIE
UNE MODISTE À
UNE REINE,
AUX PORTES
DE LA MORT.
Chapitre 5 – Fin

LES PETITES ANECDOTES ÉCRITES SUR CARAPACE – 19

BONJOUR ! C'EST JINGETSU ISOMI !

BONJOUR ! JE SUIS K-SAWA, ASSISTANT D'ÉDITION ! ON A ENFIN PU VOIR L'ENTRÉE EN SCÈNE DE MARIE-ANTOINETTE, N'EST-CE PAS ?!

EH OUI ! QUAND J'AI ENVOYÉ LE STORY-BOARD DU CHAPITRE 5, J'AI REMARQUÉ QUE TU ÉTAIS PARTICULIÈREMENT RÉCEPTIF. JE ME SUIS DIT QUE C'ÉTAIT L'EFFET DE CE PERSONNAGE CÉLÈBRE. JE NE PENSE PAS QU'IL Y AIT DE FEMME DE L'HISTOIRE FRANÇAISE PLUS CONNUE QUE MARIE-ANTOINETTE AU JAPON. LE MANQUE D'INTÉRÊT DE NOS COMPATRIOTES POUR L'HISTOIRE ÉTRANGÈRE EST BIEN DOMMAGE. ON LE DOIT PEUT-ÊTRE À L'INSULARITÉ DU PAYS OU À SON ANCIENNE POLITIQUE ISOLATIONNISTE. MALGRÉ CE CONTEXTE, MARIE-ANTOINETTE EST TRÈS POPULAIRE ICI. C'EST RARE D'AVOIR AINSI UN PERSONNAGE HISTORIQUE QUE TOUT LE MONDE CONNAÎT, MÊME VAGUEMENT.

MÊME AU JAPON, ON UTILISE L'ANECDOTE « S'ILS N'ONT PAS DE PAIN... » (RIRES). J'AIMERAIS DONC T'INTERROGER SUR CE PERSONNAGE. C'EST LA PREMIÈRE FOIS QU'ON LA VOIT, ET J'AIMERAIS SAVOIR COMMENT ELLE VIVAIT EN AUTRICHE, AVANT D'ÉPOUSER LOUIS XVI ET DE S'INSTALLER EN FRANCE.

AVEC PLAISIR ! J'AI DÉJÀ DÉPEINT L'AUTRICHE AU XVIIIe SIÈCLE (MANGA *CHRONO MONOCHROME*, ÉDITIONS SHÔGAKUKAN, INÉDIT EN FRANÇAIS). JE PEUX DONC EN PARLER TOUT À LOISIR (RIRES). LE CHÂTEAU DE SCHÖNBRUNN SE TROUVE À L'EXTÉRIEUR DE L'ENCEINTE DE VIENNE, ET CONSTITUE LA RÉSIDENCE D'ÉTÉ DE LA FAMILLE IMPÉRIALE, QUI PASSAIT LE RESTE DE SON TEMPS AU PALAIS DE LA HOFBURG, À VIENNE, EN FONCTION DE L'ACTUALITÉ POLITIQUE ET DES SAISONS. UN GRAND DÉMÉNAGEMENT AVAIT LIEU CHAQUE ANNÉE, LORS DUQUEL MÊME LES MEUBLES ÉTAIENT DÉPLACÉS. LA MÈRE DE MARIE-ANTOINETTE, MARIE-THÉRÈSE, ÉTAIT CONSIDÉRÉE COMME LA « MÈRE DES AUTRICHIENS ». ELLE RÉGNAIT SUR LA MAISON DE HABSBOURG ET SUR LE SAINT-EMPIRE ROMAIN GERMANIQUE. ELLE A ÉTÉ EN GUERRE AVEC LES PLUS GRANDES PUISSANCES DE L'ÉPOQUE. ELLE S'ENTENDAIT TRÈS BIEN AVEC SON ÉPOUX, À QUI ELLE A DONNÉ SEIZE ENFANTS ! C'ÉTAIT UNE FEMME EXCEPTIONNELLE, TRÈS BELLE ET CAPABLE DE CONCILIER SES DEVOIRS OFFICIELS AVEC LES QUESTIONS DOMESTIQUES.

L'ÉVOCATION DE MARIE-THÉRÈSE D'AUTRICHE SEMBLE T'ÉMOUVOIR. LA CONVERSATION EST DÉSORMAIS COMPLÈTEMENT CENTRÉE SUR ELLE (RIRES).

PARDON. C'EST LE PERSONNAGE HISTORIQUE QUE J'ADMIRE LE PLUS, AU POINT D'AVOIR COLLÉ DES REPRODUCTIONS DE SES PORTRAITS SUR LE MUR DE MON BUREAU... MARIE-ANTOINETTE EST LA DERNIÈRE DE SES FILLES. IL S'AGISSAIT D'UN MARIAGE D'AMOUR, CE QUI ÉTAIT EXTRÊMEMENT RARE DANS LES COURS DE L'ÉPOQUE. SCHÖNBRUNN SIGNIFIE « BELLE FONTAINE ». MARIE-ANTOINETTE A ÉTÉ ÉLEVÉE DANS UN CADRE DIVIN, AU SEIN D'UN DOMAINE LUXURIANT, AVEC UN FOYER AIMANT ET LE MEILLEUR DE CE QU'AVAIT À OFFRIR LA MUSIQUE. TRÈS COMPLICE AVEC SA SŒUR JUSTE AU-DESSUS D'ELLE, ELLE COURAIT PARTOUT DANS LES JARDINS EN SA COMPAGNIE. SOUS L'INFLUENCE DE SA MÈRE, LA CULTURE DES BONBONS S'EST DÉVELOPPÉE. ON RACONTE QUE LA PETITE MARIA ANTONIA AIMAIT LES SUCRERIES ET LA DANSE.

ON DIRAIT QU'ELLE A EU UNE ENFANCE TRÈS HEUREUSE, ALORS.

ELLE A SANS DOUTE EU UNE ÉDUCATION STRICTE, MAIS JE PENSE QU'ELLE N'A PAS ÉTÉ ÉLEVÉE COMME UNE PRINCESSE À L'IMAGE DE CE QUI SE FAISAIT DANS LES AUTRES PAYS, ET C'EST TANT MIEUX POUR ELLE. ELLE DOIT AVOIR ENVIRON ONZE ANS, DANS LE CHAPITRE 5. MADEMOISELLE BERTIN EN A DIX-NEUF, LÉONARD EN A VINGT, ET LA BÉCU, VINGT-TROIS. POUR CES TROIS PERSONNAGES, IL Y A DIFFÉRENTES THÈSES CONTRADICTOIRES SUR LEUR ÂGE VÉRITABLE, SUR LEUR ORIGINE GÉOGRAPHIQUE, OU ENCORE SUR LA PÉRIODE À LAQUELLE ILS SONT ARRIVÉS À PARIS. SI J'AVAIS CHOISI DE PRIVILÉGIER D'AUTRES THÉORIES, ÇA AURAIT PEUT-ÊTRE DONNÉ UN TOUT AUTRE SCÉNARIO. L'HISTOIRE N'EST PAS LA VÉRITÉ, C'EST UNE SCIENCE QUI SE BASE SUR LES RECHERCHES ET LES HYPOTHÈSES. C'EST CE QUI FAIT SON CHARME. GRÂCE À ÇA, ON POURRAIT REVISITER LA RÉVOLUTION FRANÇAISE AUTANT DE FOIS QU'ON LE SOUHAITERAIT. AVEC CETTE MINE DE RÉCITS, ON PEUT S'AMUSER À L'INFINI. C'EST GÉNIAL !

QUELLE PASSION... J'ESPÈRE QU'ELLE SE TRANSMETTRA À TES LECTEURS !

NOUS NOUS RETROUVERONS LA PROCHAINE FOIS POUR LE CHAPITRE 6 !

POUR INFORMATION, IL N'Y AVAIT PAS ENCORE DE HAUTS-DE-FORME AU XVIIIe SIÈCLE. LE CHAPEAU DE K-SAWA, EN REVANCHE, EXISTAIT BIEN. LE SYMBOLE SUR SON TRICORNE EST CELUI DES CONDUCTEURS DÉBUTANTS, AU JAPON. QUAND IL SERA DEVENU UN PRO DU XVIIIe, IL AURA DROIT AU SYMBOLE DES AUTOMOBILISTES SENIORS.

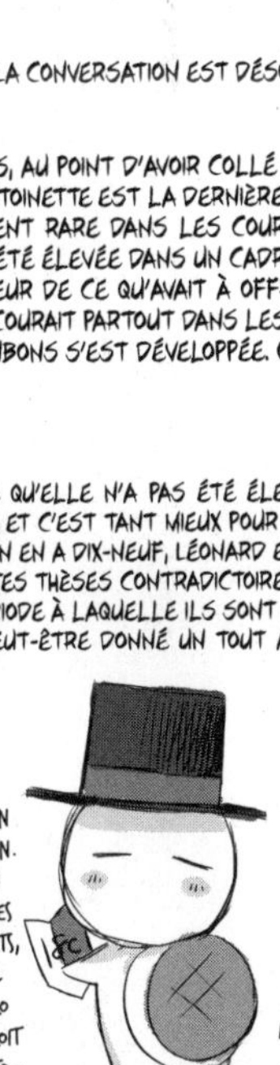

COUCOU, C'EST JINGETSU. POURQUOI UNE CARAPACE DANS LE TITRE ? PARCE QUE JE ME REPRÉSENTE TOUJOURS SOUS LES TRAITS D'UNE TORTUE... SI JE NE DESSINAIS QUE LA TÊTE, ÇA NE SE VERRAIT PAS.

Histoire bonus Rose Grenier
FWIP
FWIP
BONJOUR ! C'EST JINGETSU ISOMI.
JE PROFITE DE CETTE OCCASION POUR VOUS REMERCIER D'AVOIR LU MON LIVRE.
PAR AILLEURS, LAISSEZ-MOI ME RÉJOUIR ...
FWOOSH
18c
K-SAWA, ASSISTANT ÉDITORIAL
Je t'aime 18c...
QUE ÇA FAIT DU BIEN DE RETROUVER LE XVIIIe SIÈCLE !
FWAP
FWAP
PREMIÈRE RENCONTRE ENTRE JINGETSU ...
DONT LA NOUVELLE ŒUVRE A POUR CADRE LE XVIIIe, ET SON NOUVEL ASSISTANT ÉDITORIAL, K-SAWA ...
JE SUIS SÛRE QUE ÇA LUI IRAIT BIEN, UN TRICORNE ...

TU PEUX FAIRE CE QUI TE CHANTE, JINGETSU.
TU ADORES VRAIMENT L'HISTOIRE !
VOILÀ LES PREMIÈRES PAROLES DE K-SAWA.
MAIS LES RÉCITS HISTORIQUES NE SE VENDENT PAS TRÈS BIEN, ET…
CE N'EST PAS GRAVE.
TU AS DES PRÉFÉRENCES POUR LE GENRE ?
NON…
TU PRÉFÈRES PEUT-ÊTRE UN HOMME COMME PERSONNAGE PRINCIPAL, OU UNE FILLE BIEN SOUS TOUS RAPPORTS, OU ENCORE…
NON, NON…
NE T'INQUIÈTE PAS DE CE QUI ME CONVIENT LE MIEUX, DESSINE CE QUI TE PLAIRA.
BON BEN, OK…
J'AI TOUJOURS TRAVAILLÉ SUR DES THÈMES QUI ME PLAISENT, MAIS…
ADAPTER SON HISTOIRE ET SES PERSONNAGES À LA REVUE DANS LAQUELLE ILS PARAISSENT, ÇA FAIT PARTIE DU TRAVAIL D'UN MANGAKA PROFESSIONNEL.
C'ÉTAIT LA PREMIÈRE FOIS QU'ON ME DEMANDAIT AVEC TANT D'INSISTANCE DE FAIRE FI DE TOUT.
HISTOIRE DE LA CULTURE FRANÇAISE
JE VEUX UN RÉCIT HISTORIQUE, MAIS LE PROBLÈME, C'EST DE TROUVER LE SUJET…
CHRONO MONOCHROME
KNUCKLE DOWN

J'AI COMMENCÉ PAR PRENDRE UN PEU DE BON TEMPS, CE QUI N'ÉTAIT PAS ARRIVÉ DEPUIS LONGTEMPS.
Buon giorno!!
L'ITALIE, C'EST LE PARADIS !
FAMILLE
TIENS ? ENCORE DU RANGEMENT ?
JE METS DE L'ORDRE DANS MES AFFAIRES DE MON VIVANT.
TU ES BIEN TROP JEUNE POUR ÇA !
DONS
JE FAIS LE VIDE POUR M'ACHETER DE NOUVEAUX VÊTEMENTS.
FAUDRAIT SAVOIR !
J'AI PARTICIPÉ À UN DÎNER MAIS JE N'AI TOUJOURS PAS TROUVÉ DE FEMME …
BLA
BLA
JE SUIS CREVÉ, IL FAUT QUE JE CHANGE DE BOULOT.
J'ARRIVE PAS À AVOIR D'ENFANTS.
JE VEUX DIVORCER !
BLA
J'AI RENCONTRÉ DES AMIS, FAIT UN PEU DE SHOPPING.
CHACUN PREND DE L'ÂGE ET SE TRIMBALLE TOUT UN TAS DE SOUCIS...

À CETTE MÊME PÉRIODE, J'AI PARTICIPÉ À UN ÉVÉNEMENT ORGANISÉ DANS UN CÉLÈBRE HÔTEL.
OUAAAAH …
PLEIN DE ROBES !
J'AIMERAIS TRAVAILLER SUR LA DESTINÉE DES FEMMES …
COMMENT DIRE ? SUR LEUR ÉCLAT, MAIS AUSSI SUR LEURS DIFFICULTÉS, ENFIN…
QUELLE BONNE IDÉE !
C'EST AINSI QUE J'AI COMMENCÉ À DESSINER « ROSE BERTIN, LA COUTURIÈRE FATALE ».
JE COMPTE SUR VOTRE SOUTIEN !

Dans le prochain tome

Le deuxième tome en vente bientôt !

Rose Bertin, qui a commencé à travailler au Trait Galant, la plus importante boutique de luxe de Paris, échoit d'une lourde tâche : confectionner la robe de mariée de l'héritière de la maison Penthièvre, une lignée très influente. Le futur époux, le duc de Chartres, appartient quant à lui à l'une des familles les plus riches de France. C'est l'occasion pour Bertin d'accroître sa renommée, mais elle doit répondre à une demande impossible…

KEIKOKUNO SHITATEYA ROSE BERTIN vol.1

118, avenue Achille-Peretti – CS 70024
92521 Neuilly-sur-Seine Cedex
www.michel-lafon.com

Direction éditorial : Fabrice Buon
Responsable éditorial : Yann Raynal
Traduction : Virgile Macré
Lettrage et maquette : Florent Faguet
Fabrication : Christian Toanen et Nikola Savic

Imprimé en France
Dépôt légal : Mars 2024
ISBN : 978-2-7499-5656-5
LAF : 3457 A